Descubro al mundo

HARCOURT BRACE ESTUDIOS SOCIALES

Autores de la serie

Dr. Richard G. Boehm

Claudia Hoone

Dr. Thomas M. McGowan

Dra. Mabel C. McKinney-Browning

Dra. Ofelia B. Miramontes

Dra. Priscilla H. Porter

Consultores de la serie

Dra. Alma Flor Ada

Dr. Phillip Bacon

Dr. W. Dorsey Hammond

Dr. Asa Grant Hilliard, III

Dr. Juan Solís

HARCOURT BRACE & COMPANY

Orlando Atlanta Austin Boston San Francisco Chicago Dallas

Nueva York Toronto Londres

 **Visita The Learning Site en http://www.hbschool.com**

Autores de la serie

Dr. Richard G. Boehm
Profesor y Jessie H. Jones
Catedrático Distinguido de Estudios
  de Geografía
Departamento de Geografía y Planificación
Universidad del Suroeste del Estado de Texas
San Marcos, Texas

Claudia Hoone
Maestra
Escuela #58 Ralph Waldo Emerson
Indianapolis, Indiana

Dr. Thomas M. McGowan
Profesor Asociado
División de Currículo y Enseñanza
Universidad del Estado de Arizona
Tempe, Arizona

Dra. Mabel C. McKinney-Browning
Directora
División para la Educación Pública
Barra Americana de Abogados
Chicago, Illinois

Dra. Ofelia B. Miramontes
Profesora Asociada de Educación y
  Vicerectora Adjunta Encargada de
  Diversidad Curricular
Escuela de Educación
Universidad de Colorado
Boulder, Colorado

Dra. Priscilla H. Porter
Co-Directora
Centro de Estudios de Historia y
  Ciencias Sociales
Escuela de Educación
Universidad del Estado de California,
  Dominguez Hills
Carson, California

Consultores de la serie

Dra. Alma Flor Ada
Profesora
Escuela de Educación
Universidad de San Francisco
San Francisco, California

Dr. Phillip Bacon
Profesor Emérito de Geografía y Antropología
Universidad de Houston
Houston, Texas

Dr. W. Dorsey Hammond
Profesor de Educación
Universidad de Oakland
Rochester, Michigan

Dr. Asa Grant Hilliard, III
Profesor Fuller E. Callaway de Educación
  Urbana
Universidad Estatal de Georgia
Atlanta, Georgia

Dr. Juan Solís
Profesor Asociado de Lectura y Lenguaje
Universidad de Texas-Pan American
Edinburg, Texas

Especialistas en comunicación, literatura e idiomas

Dr. Joseph A. Braun, Jr.
Profesor de Estudios Sociales de
  Escuela Primaria
Departamento de Currículo y Enseñanza
Universidad Estatal de Illinois
Normal, Illinois

Meredith McGowan
Bibliotecaria de Jóvenes
Biblioteca Pública de Tempe
Tempe, Arizona

Rebecca Valbuena
Especialista en Desarrollo del Lenguaje
Escuela Primaria Stanton
Glendora, California

Consultores y revisores de nivel de grado

Barbara Abbott
Escuela Primaria Adams
San Diego, California

Janice Bell
Escuela Primaria Hammel Street
Los Angeles, California

Esther Booth-Cross
Coordinadora
Escuela Primaria Bond
Chicago, Illinois

Kristen Caplin
Escuela Primaria Murwood
Walnut Creek, California

Nodjie Conner
Escuela Primaria Old Richmond
Tobaccoville, North Carolina

Bob Davis
Oficina de Estudios Sociales
Escuelas Públicas de Newark
Newark, New Jersey

Janet J. Eubank
Especialista del Currículo de Artes
  del Lenguaje
Escuelas Públicas de Wichita
Wichita, Kansas

Maryfran Goetz
Notre Dame de Sion
Kansas City, Missouri

Patricia Guillory
Directora, Estudios Sociales
Centro Administrativo del Condado
  de Fulton
Atlanta, Georgia

Sharon Hamid
Escuela Primaria Williams
San Jose, California

Carol Hamilton Cobb
Escuela Gateway
Escuelas Públicas Metropolitanas de Nashville
Madison, Tennessee

Mary M. Hennessy
Escuela Primaria Benjamin Cory
San Jose, California

Billie M. Kapp
Maestra (Jubilada)
Escuela Primaria Coventry
Coventry, Connecticut

Nancy Kelly
Escuela Primaria Pinedale
Pinedale, California

Candace M. Ledwich
Escuela Primaria Natural Bridges
Santa Cruz, California

Diane E. Marcroft
Escuela Primaria Vineyard
Ontario, California

Mickey McConnell
Escuela Primaria Central Heights
Blountsville, Tennessee

Mercedes Merrell
Escuela Primaria Acacia
Fullerton, California

Gwen Mitsui
Escuela Primaria Solomon
Wahiawa, Hawaii

Maria Montgomery
Escuela Primaria Adams
San Diego, California

Lásara Nuñez
Escuela Primaria Winchell
Fresno, California

Ronald R. Paul
Director de Currículo (Jubilado)
Distrito Escolar de Mehlville
St. Louis, Missouri

Ida Rebecca Ross
Escuela Primaria Woolmarket
Biloxi, Mississippi

Carol Siefkin
Escuela Primaria Garfield
Carmichael, California

Marie Singh
Escuela Harden
Salinas, California

Else Sinsigalli
Escuela Primaria Erikson
San Jose, California

J. Mark Stewart
Supervisor de Estudios Sociales
Escuelas Públicas de Columbus
Columbus, Ohio

Sheree Thomas
Escuela Primaria Cottage
Sacramento, California

Renarta Tompkins
Escuela Primaria Morrow
Morrow, Georgia

Printed in the United States of America

ISBN 0-15-310486-4

4 5 6 7 8 9 10   032   2001   2000

Contenido

v

Literatura y fuentes principales

Destrezas

Secciones especiales

Biografías

Lluvia de ideas

Los estudios sociales en vivo

Mapas

Gráficas, diagramas, tablas y líneas de tiempo

Atlas

Geo Jorge te invita a visitar nuevos lugares este año. Los mapas de este libro te ayudarán a saber dónde te encuentras. Cuando veas la tortuguita Geo Jorge, detente y aprende a usar los mapas.

Repasa este atlas conforme recorras tu libro. ¡Así sabrás dónde te encuentras!

Atlas

AMÉRICA
DEL NORTE
ESTADOS UNIDOS
OCÉANO
PACÍFICO
OCÉANO
ATLÁNTICO
Ecuador
AMÉRICA
DEL SUR
OCÉANO
PACÍFICO
Leyenda
del mapa
Frontera del país
JAPÓN
FRANCIA
CHINA
EGYPT
TOURS

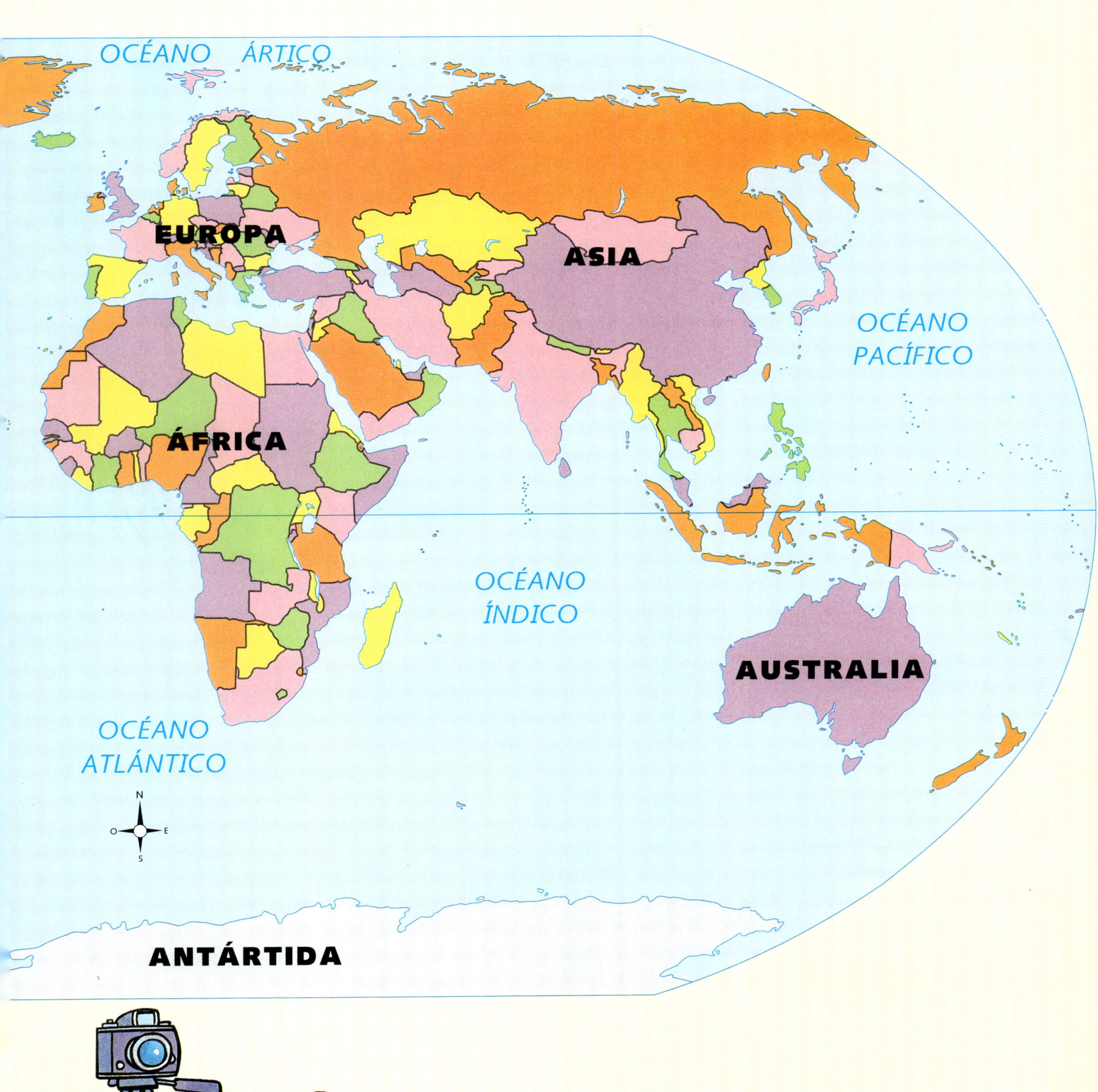

OCÉANO ÁRTICO
EUROPA
ASIA
ÁFRICA
OCÉANO PACÍFICO
OCÉANO ÍNDICO
AUSTRALIA
OCÉANO ATLÁNTICO
N
O
E
S
ANTÁRTIDA

Atlas

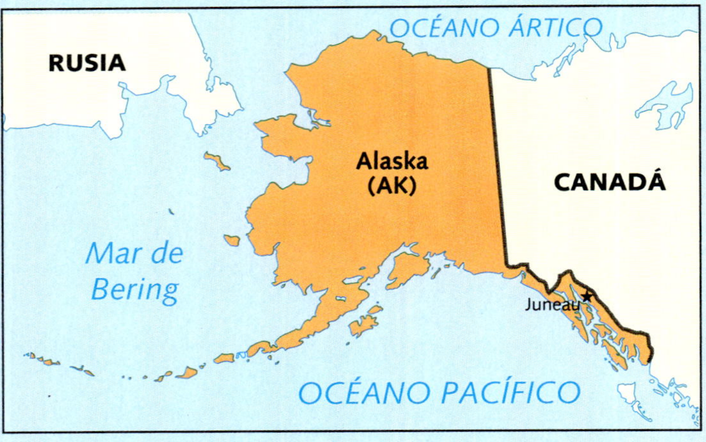

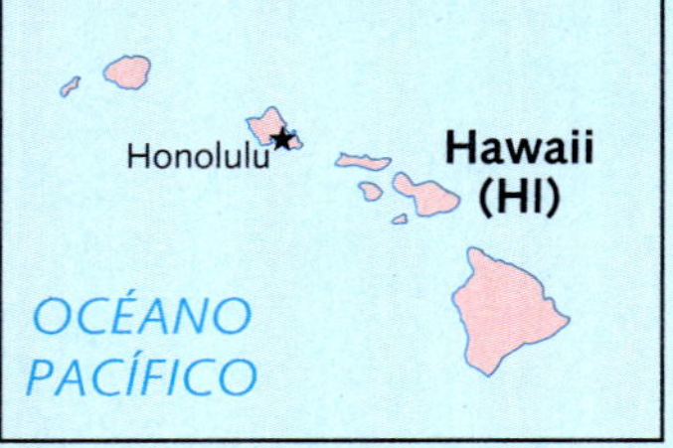

Estados Unidos

OCÉANO ÁRTICO
RUSIA
Alaska
(AK)
CANADÁ
Mar de
Bering
Juneau
OCÉANO PACÍFICO

Honolulu
Hawaii
(HI)
OCÉANO
PACÍFICO

CANADÁ
Washington
(WA)
Olympia
Salem
Oregon
(OR)
Helena
Montana
(MT)
Boise
Idaho
(ID)
Wyoming
(WY)
Cheyenne
Great
Salt
Lake
Salt Lake City
Sacramento
Carson City
Nevada
(NV)
Utah
(UT)
Denver
Colorado
(CO)
California
(CA)
Santa Fe
Arizona
(AZ)
New
Mexico
(NM)
Phoenix
OCÉANO
PACÍFICO
MÉXICO
N
O
E
S

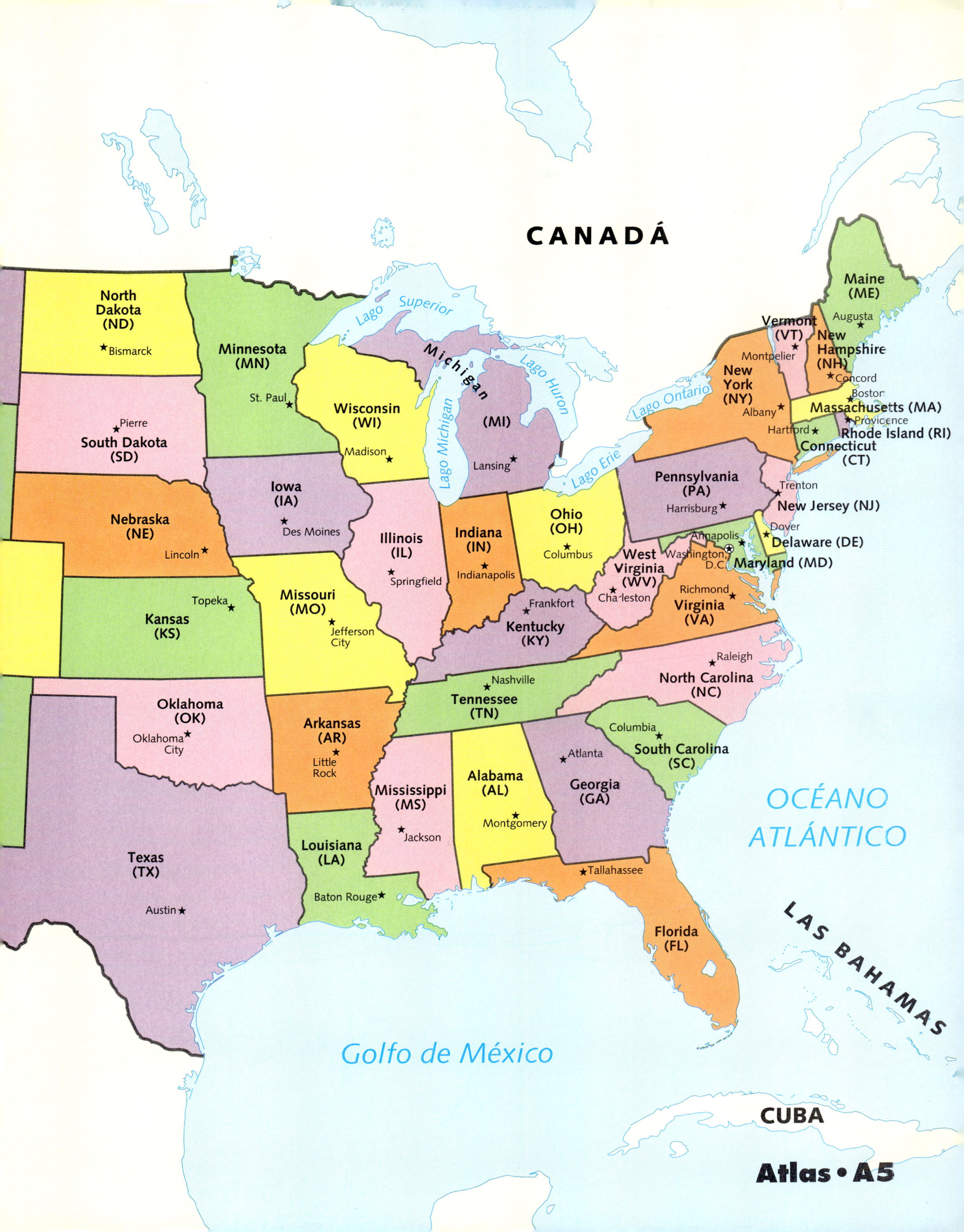

CANADÁ
Maine (ME)
Augusta
Vermont (VT)
Montpelier
New Hampshire (NH)
Concord
Boston
New York (NY)
Albany
Massachusetts (MA)
Provicence
Rhode Island (RI)
Hartford
Connecticut (CT)
Lago Superior
Lago Huron
Lago Michigan
Lago Ontario
Lago Erie
Michigan (MI)
Lansing
North Dakota (ND)
Bismarck
Minnesota (MN)
St. Paul
Wisconsin (WI)
Madison
South Dakota (SD)
Pierre
Iowa (IA)
Des Moines
Nebraska (NE)
Lincoln
Illinois (IL)
Springfield
Indiana (IN)
Indianapolis
Ohio (OH)
Columbus
Pennsylvania (PA)
Harrisburg
Trenton
New Jersey (NJ)
Dover
Delaware (DE)
Annapolis
Washington, D.C.
Maryland (MD)
West Virginia (WV)
Charleston
Richmond
Virginia (VA)
Kansas (KS)
Topeka
Missouri (MO)
Jefferson City
Kentucky (KY)
Frankfort
Raleigh
North Carolina (NC)
Nashville
Tennessee (TN)
Columbia
South Carolina (SC)
Atlanta
Oklahoma (OK)
Oklahoma City
Arkansas (AR)
Little Rock
Mississippi (MS)
Jackson
Alabama (AL)
Montgomery
Georgia (GA)
Texas (TX)
Austin
Louisiana (LA)
Baton Rouge
Tallahassee
Florida (FL)
OCÉANO ATLÁNTICO
LAS BAHAMAS
Golfo de México
CUBA
Atlas · A5

Atlas
Hemisferio occidental
Groenlandia
(DINAMARCA)
Alaska
(ESTADOS
UNIDOS)
CANADÁ
OCÉANO
PACÍFICO
ESTADOS UNIDOS
OCÉANO
ATLÁNTICO
Hawaii
(ESTADOS
UNIDOS)
MÉXICO
LAS BAHAMAS
REPÚBLICA
DOMINICANA
CUBA
Puerto Rico
(ESTADOS UNIDOS)
JAMAICA
BELICE
HAITÍ
HONDURAS
GUATEMALA
EL SALVADOR
TRINIDAD Y TOBAGO
NICARAGUA
VENEZUELA
GUYANA
SURINAME
COSTA RICA
PANAMÁ
GUYANA FRANCESA
(FRANCIA)
COLOMBIA
Ecuador
ECUADOR
Islas
Galápagos
(ECUADOR)
BRASIL
PERÚ
OCÉANO
PACÍFICO
BOLIVIA
PARAGUAY
CHILE
URUGUAY
ARGENTINA
OCÉANO
ATLÁNTICO
N
O
E
S
Islas
Malvinas
(REINO
UNIDO)
South
Georgia
(REINO
UNIDO)

bosque área grande de tierra donde crecen muchos árboles

colina formación terrestre que se eleva sobre el terreno que la rodea

desierto tierra seca con pocas plantas

isla tierra rodeada de agua

lago cuerpo de agua rodeado de tierra

llanura terreno plano

montaña tipo de terreno más elevado

océano cuerpo de agua salada que cubre un área grande

río corriente larga de agua que fluye a través de la tierra

valle terreno bajo que se encuentra entre colinas o montañas

Pertenecemos a muchos grupos

grupo

Varias personas que practican una actividad juntas.

comunidad

Un lugar donde viven algunas personas y también las personas que viven ahí.

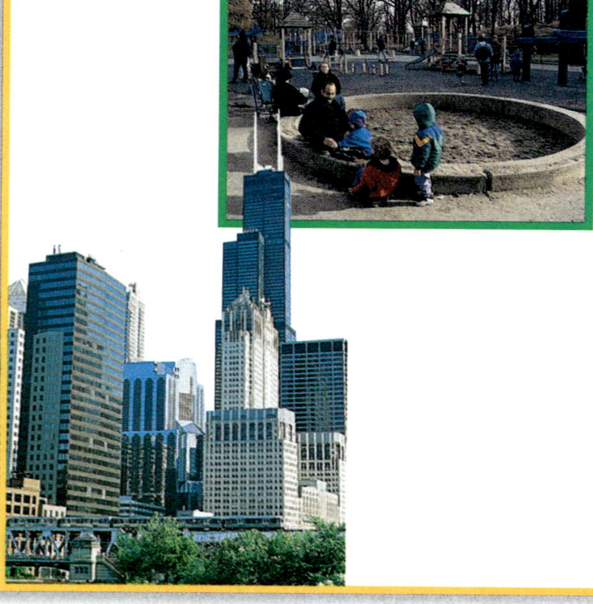

mapa

Un dibujo que muestra donde están los lugares.

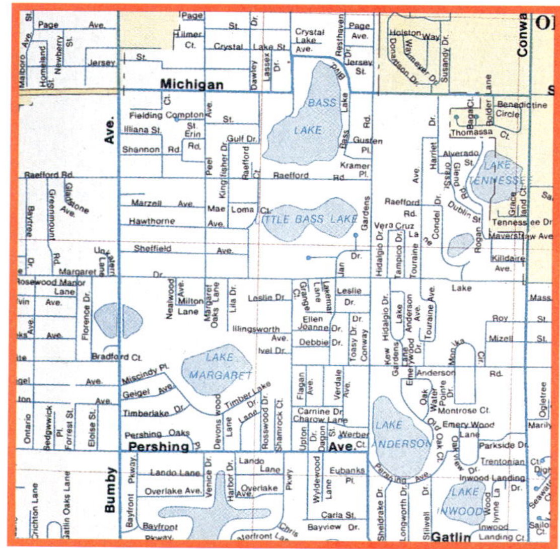

ley

Una regla que todos debemos seguir.

bienes

Las cosas que las personas hacen o cultivan.

servicios

Trabajos que las personas hacen para ayudar a los demás.

Canta una canción sobre las personas

por Lois Lenski

ilustrado por Cathy Diefendorf

Canta una canción
sobre las personas
que rápido o despacio
salen a caminar;
en la ciudad sin más
van y vienen sin parar.

Personas en las aceras,
personas en el autobús;
pasan y pasan las personas,
por delante y por detrás.
Personas en el metro
debajo de las calles;
taxis siempre llenos
dan vuelta y vuelta y vuelta.

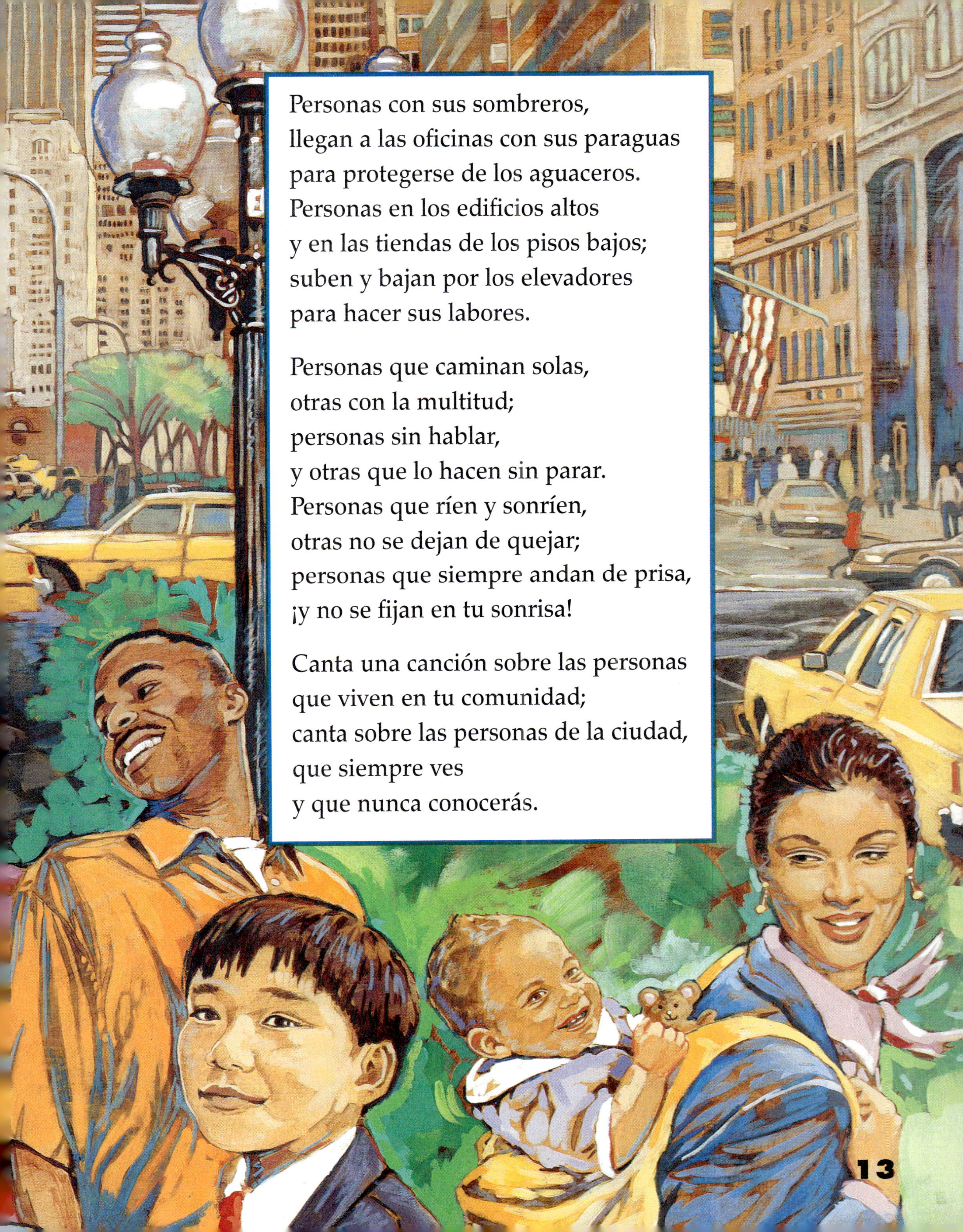

Personas con sus sombreros,
llegan a las oficinas con sus paraguas
para protegerse de los aguaceros.
Personas en los edificios altos
y en las tiendas de los pisos bajos;
suben y bajan por los elevadores
para hacer sus labores.

Personas que caminan solas,
otras con la multitud;
personas sin hablar,
y otras que lo hacen sin parar.
Personas que ríen y sonríen,
otras no se dejan de quejar;
personas que siempre andan de prisa,
¡y no se fijan en tu sonrisa!

Canta una canción sobre las personas
que viven en tu comunidad;
canta sobre las personas de la ciudad,
que siempre ves
y que nunca conocerás.

LECCIÓN
1
Aprendemos juntos en la escuela
1. número de la lección
2. título
3. historia
4. palabra nueva
5. foto
Vamos a tener visitas en nuestro salón de clases. Queremos enseñarles lo que sabemos hacer. Primero, nuestra maestra, la Sra. Warren, nos ayuda a hacer un plan. Para algunas tareas trabajaremos solos. Otras las haremos en grupo.
14

Hacemos tarjetas con nuestros nombres para nuestros escritorios. Nuestro maestro de artes manuales nos ayuda.

Judy escribe en el calendario las múltiples actividades de nuestra clase. Ella marcó nuestra reunión de bienvenida para el 30 de septiembre.

Septiembre						
Domingo	Lunes	Martes	Miércoles	Jueves	Viernes	Sábado
			1	2	3	4
5	6	7 Ortografía	8	9	10	11
12	13 Reporte de libro	14	15 Conferencia	16	17	18
19	20	21	22	23	24	25
26	27	28	29	30 Bienvenida		

6. idea principal

7. detalle

Mi grupo está haciendo un mural para colgar en la pared. Queremos mostrar lo que aprendemos en la escuela.

Todos los niños de mi grupo tenemos una tarea especial. Juan es el líder. Un **líder** se encarga de que todos en el grupo sigan las reglas. Las **reglas** nos ayudan a escuchar, compartir y trabajar juntos cortésmente.

Biografía

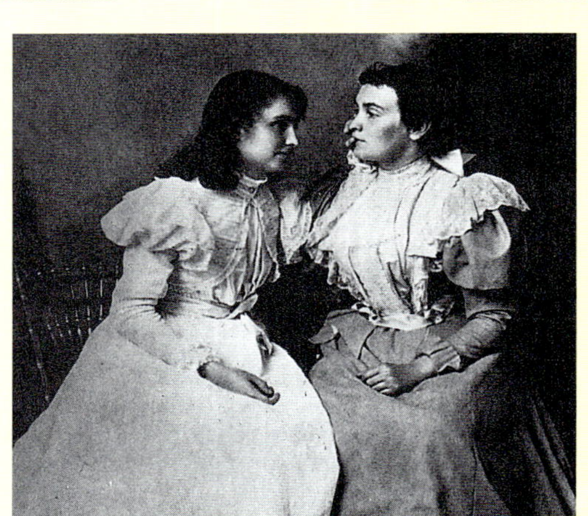

Hay muchas maneras de aprender. Helen Keller no podía ver, oír ni hablar hasta que una maestra le ayudó. Anne Sullivan escribía las letras del alfabeto en la mano de Helen. Helen tocaba la garganta de Anne y así aprendió a hablar. Helen Keller escribió libros y le enseñó al mundo que todos podemos aprender.

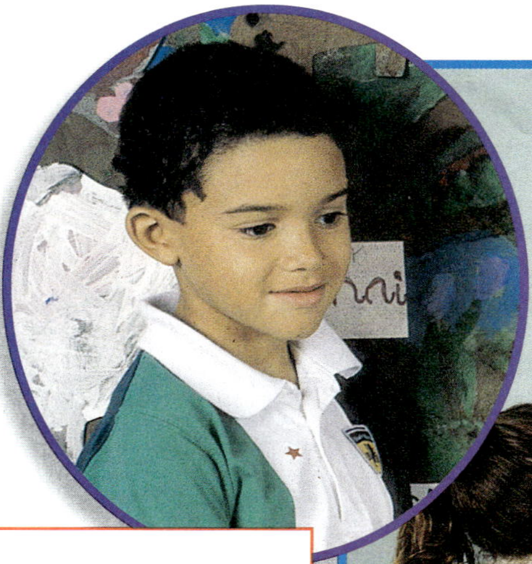

Juan es el líder.

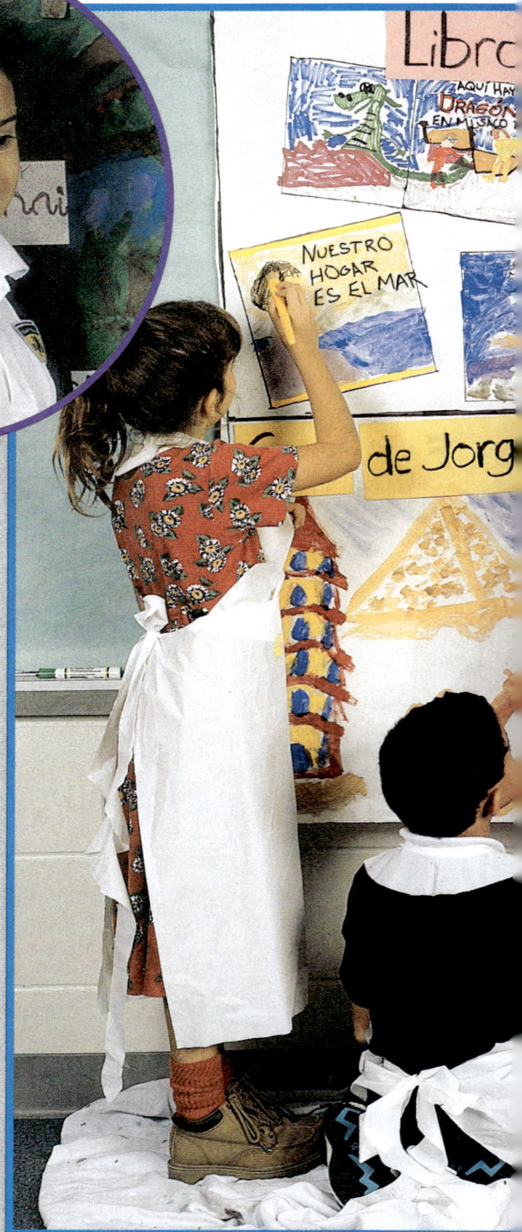

Sandy y yo hacemos una lista de las escenas que queremos mostrar en el mural. Después el resto de nuestro grupo nos ayuda a dibujar y a pintar el mural. Finalmente, entre todos limpiamos el salón y disfrutamos de nuestro trabajo.

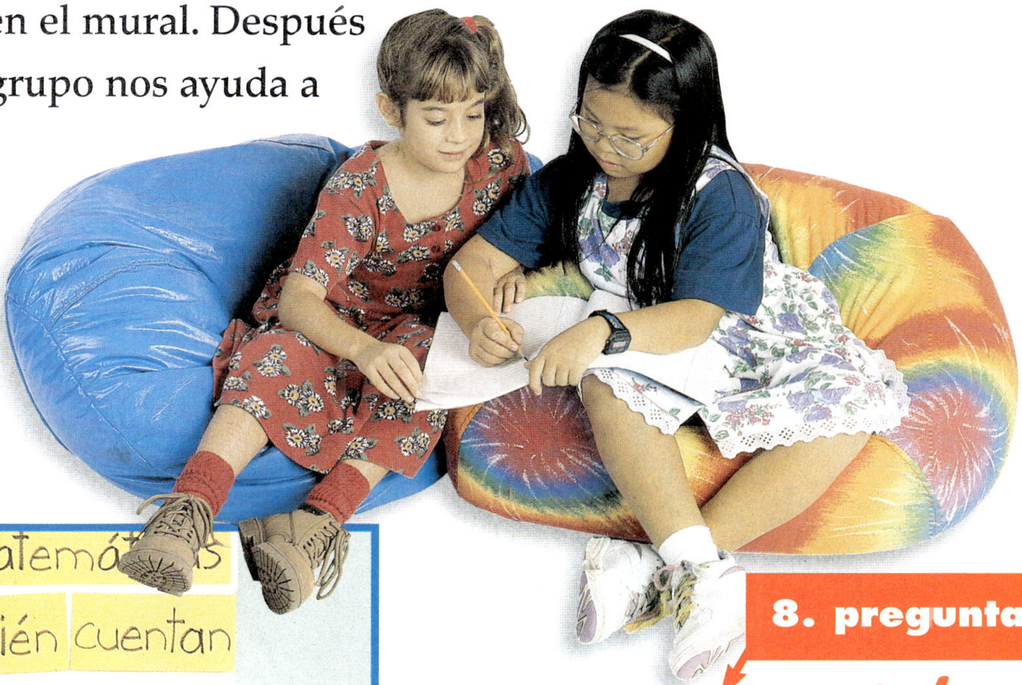

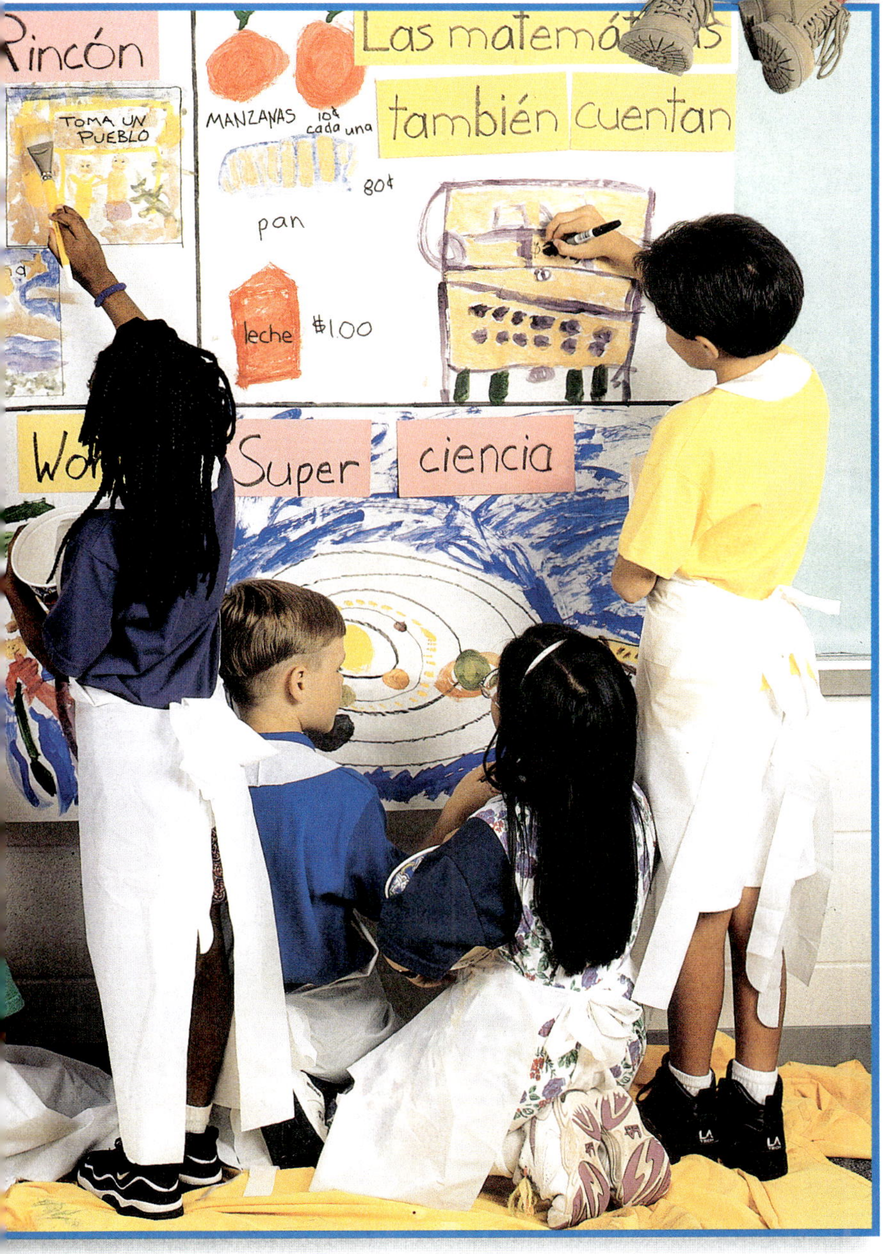

8. pregunta

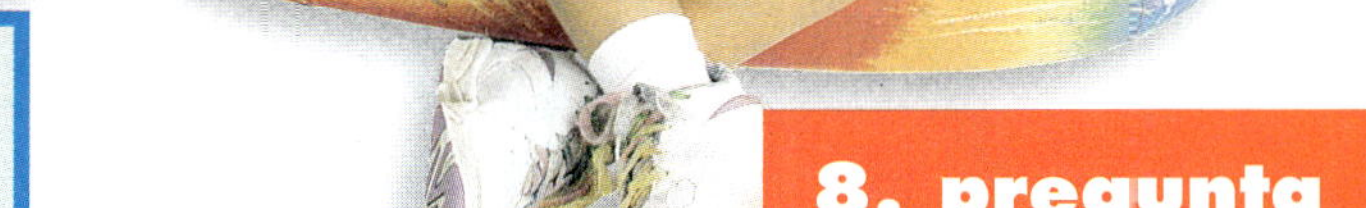

¿Qué sabes tú?

1. ¿Qué hace el líder de un grupo?
2. ¿Cómo aprendes junto con tus compañeros en el salón de clases?

Vivir en casa y en el barrio

Tú formas parte de otros grupos, tales como tu familia y tu barrio. Un **barrio** es un lugar donde viven las personas. Lisa está haciendo un modelo de su barrio. Lee lo que dice sobre su casa y sus vecinos.

En mi familia trabajamos juntos para satisfacer nuestras **necesidades**. Necesitamos comida, ropa y un lugar seguro para vivir.

Mi abuela trabaja en el mercado del barrio. Papá construye edificios. Ellos ganan dinero para pagar las cosas que necesitamos.

Todos trabajamos para hacer de nuestro hogar un lugar agradable para vivir. Mi hermana y yo ayudamos. Linsey ayuda a cocinar los alimentos y a hacer las camas. Yo paseo al perro y saco la basura. Nos turnamos para regar las plantas.

Las personas de nuestro barrio también se ayudan unas a otras. Nuestra vecina, la Srta. Lee, me da clases de piano. Yo le doy de comer a su gato cuando ella visita a su hija.

Nuestro vecino de al lado es bombero. Él ayuda a salvar vidas y casas en nuestro barrio. Otras personas trabajan como policías para ayudar a que nuestro barrio sea seguro.

Muchos lugares del barrio nos ayudan a satisfacer nuestras necesidades. Tenemos una tienda de abarrotes y una gasolinera. Algunas veces comemos en el restaurante.

Mi barrio forma parte de una comunidad. Una **comunidad** es un lugar donde las personas viven, trabajan, juegan y se ayudan unas a otras.

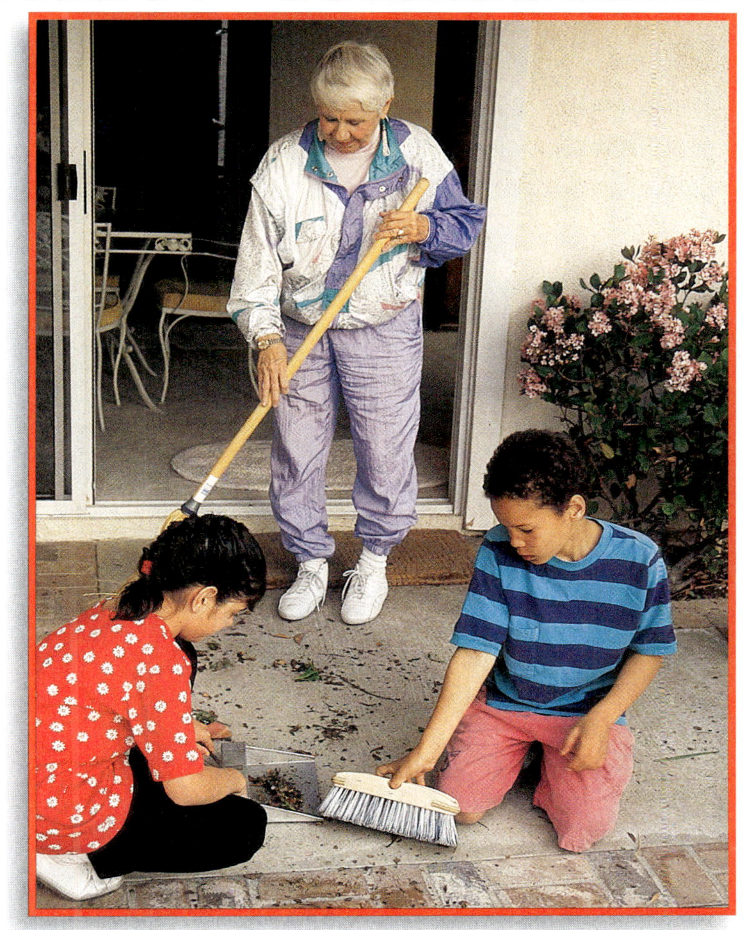

¿Qué sabes tú?

1. ¿Cuáles son las necesidades de una familia?

2. ¿En qué se parece tu barrio al barrio de Lisa?

Aprende con una ilustración y un mapa

Nosotros podemos aprender sobre un barrio al mirar una fotografía.

Mira esta foto.
Habla de lo que ves.

Piensa en cómo se tomó la foto. ¿Crees que puedes ver más desde el aire o desde la tierra?

3 Un **mapa** es un dibujo que muestra cómo se ve un lugar desde el aire. ¿En qué se parecen la foto y el mapa?

4 ¿Qué cosas ves en la foto que no están en el mapa?

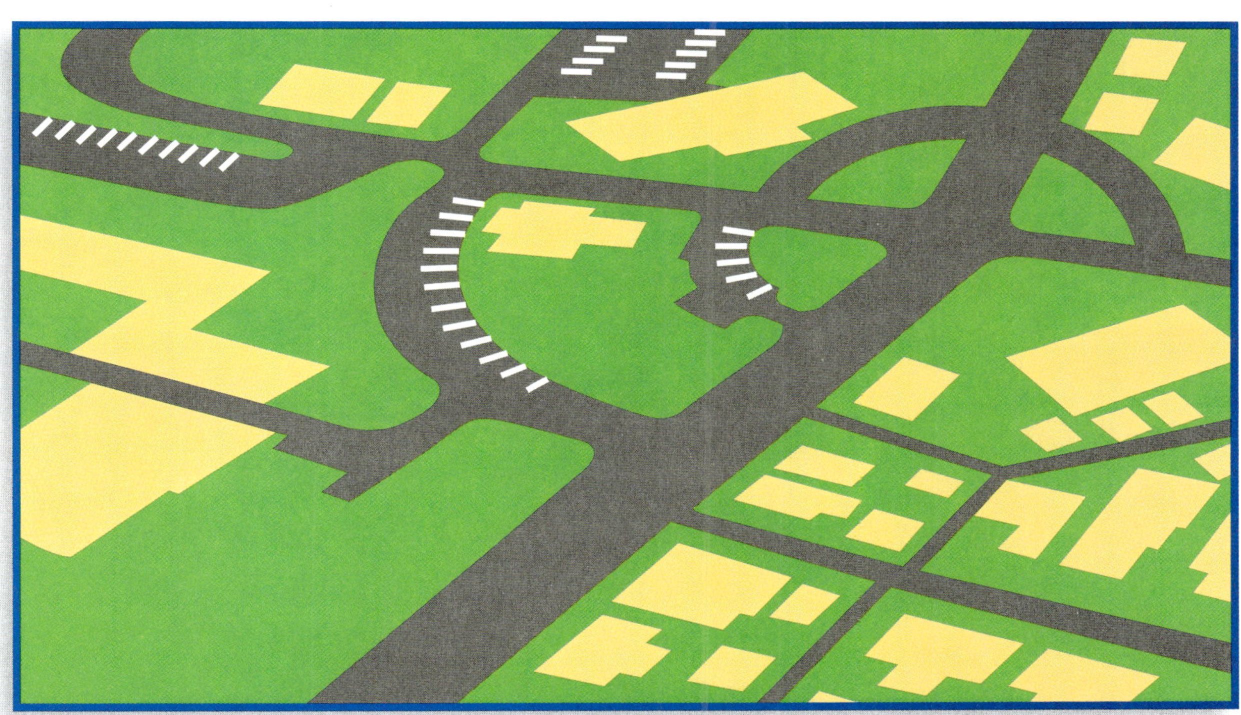

Piensa y practica

Haz una lista de los lugares que ves en la foto y en el mapa.

En la ciudad y alrededor de ella

Jesse fue hoy a la ciudad con su mamá. Una **ciudad** es una comunidad grande con muchos barrios. Lee el diario de Jesse para descubrir lo que aprendió.

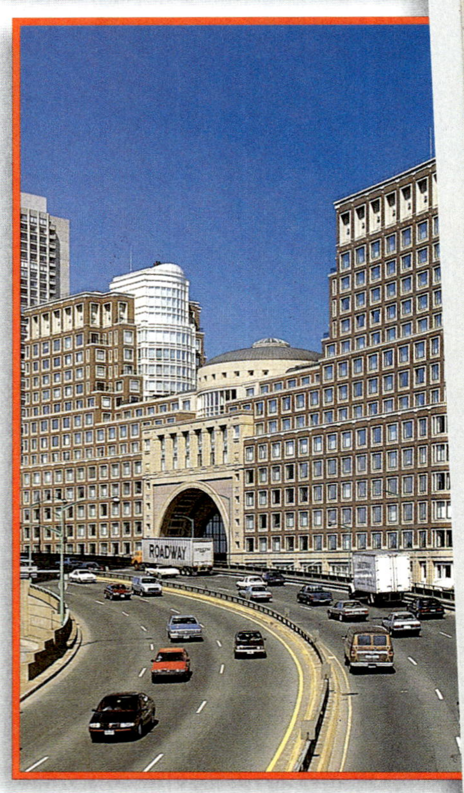

En la mañana

Hora de ir a la ciudad. Me abrocho el cinturón de seguridad.

Hay muchos coches, camiones y autobuses en la autopista. Me pregunto a dónde irán.

¡No puedo creer que tantas personas trabajan en la ciudad! Algunas trabajan en tiendas pequeñas y almacenes. Otras trabajan en rascacielos gigantes.

El tráfico avanza muy lentamente. Veo a un oficial de policía. Los policías se encargan de que las personas sigan las leyes. Las **leyes** son reglas para la comunidad. Me alegro que el oficial esté aquí.

El tráfico es lento porque los camiones grandes están entregando bienes a las tiendas y a los almacenes. Los **bienes** son cosas que las personas hacen o siembran para vender.

¡Es hora de comprar! Hay tantos lugares para comprar ropa, juguetes, libros y otras cosas para nuestra casa. Mi mamá y yo hasta compramos flores frescas.

En la tarde

Después de comer, mamá y yo
visitamos el Museo de computadoras.
La guía nos habla sobre un gran mapa
de computadora. Un guía da un servicio.
Los `servicios` son trabajos que
hacen las personas para los demás.
Aprendí mucho de nuestra guía.

Mamá y yo nos encontramos con tía
Leanne para comer. Hablamos de lo
bien que la pasamos en la agitada
ciudad. ¡Ya tengo ganas de ir otra vez!

¿Qué sabes tú?

1. Nombra un servicio que las
personas de la ciudad pueden dar.

2. ¿Qué te gustaría hacer en la
ciudad?

Leer un mapa

¿Cómo crees que Jesse y su mamá sabían adónde ir en la ciudad? Quizás vieron un mapa. Los mapas te ayudan a encontrar lugares. La **leyenda del mapa** te muestra cómo leer un mapa.

1 ¿Cuál es el título de este mapa?

2 Los **símbolos** son dibujos que representan cosas en un mapa. ¿Qué símbolos se muestran en esta leyenda del mapa?

3 Busca el símbolo del Museo de computadoras. ¿En qué calle se encuentra el museo?

4 Busca la rosa de los vientos en el mapa. La **rosa de los vientos** muestra las direcciones en un mapa. Las **direcciones**, o cuatro puntos cardinales, son norte, sur, este y oeste.

5 ¿En qué dirección tienes que caminar para ir del Centro comercial peatonal hasta Boston Common?

Leyenda del mapa

- Ayuntamiento
- Museo de computadoras
- Acuario de New England
- Centro comercial peatonal
- Terminal de autobuses Peter Pan
- Restaurante Pier 1
- Mercado Quincy
- Parque
- Calle
- Autopista

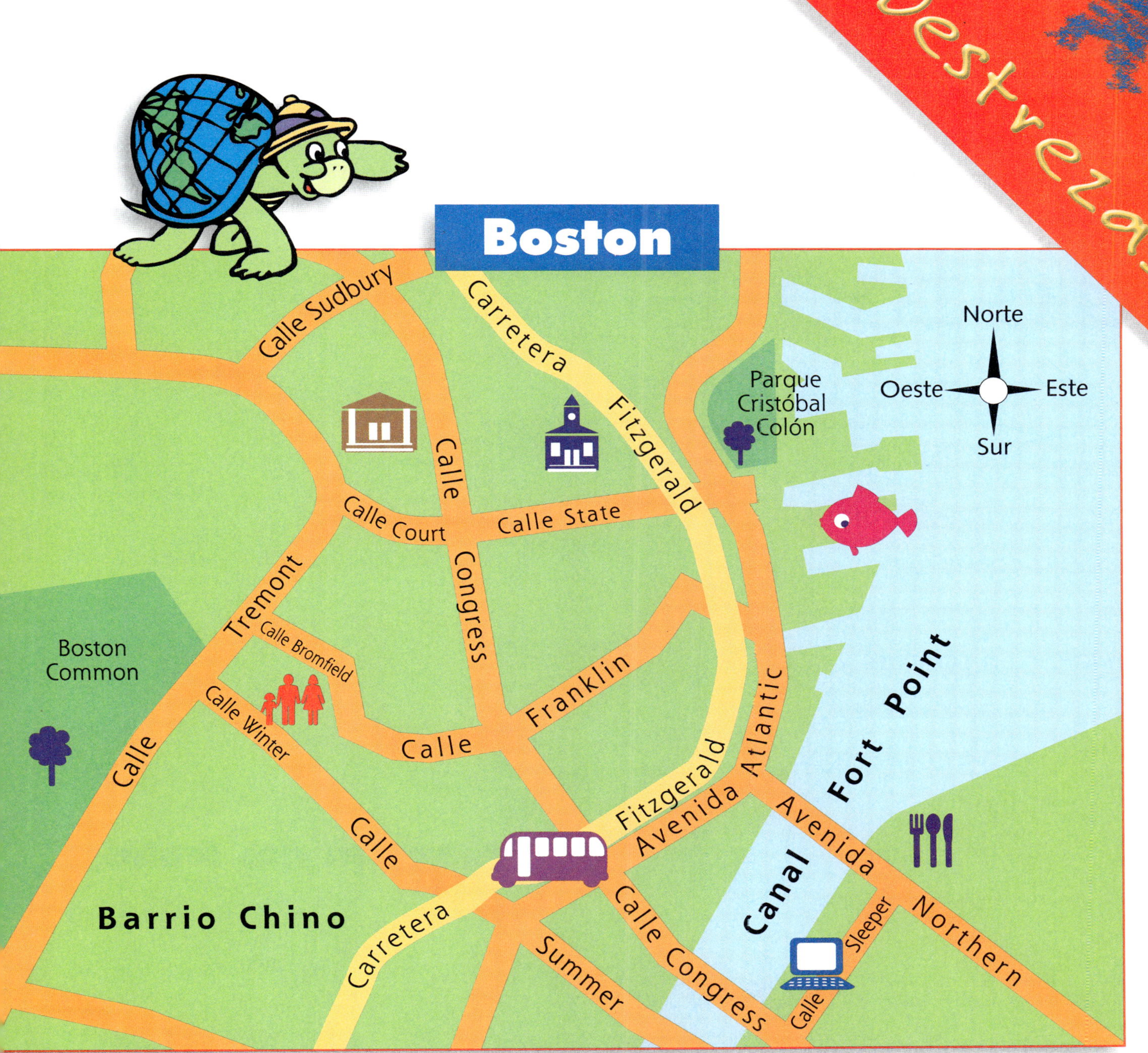

Piensa y practica

- Busca el Ayuntamiento. ¿Cómo llegas del Ayuntamiento al Parque Cristóbal Colón?

- ¿En qué dirección tienes que ir?

- ¿Por dónde pasarías en el camino?

El parque es de todos

¿Cómo puedes hacer del parque un lugar seguro que todos puedan disfrutar? Trabaja con algunos amigos. Piensa en cómo se puede disfrutar un parque.

- ¿Qué necesidades especiales tiene cada persona?
- ¿Qué problemas necesitan resolverse?

Muestra tus ideas

Escoge una manera de expresar tus ideas a tu clase.

- Haz un modelo del parque.
- Escribe un cuento.
- Haz un dibujo.

31

Nuestro país de muchas personas

Nuestra clase hizo un colage de los ciudadanos estadounidenses. Los **ciudadanos** son un grupo de personas que pertenecen a una comunidad. Nosotros también somos ciudadanos de nuestro **país**. Estados Unidos de América tiene más de 250 millones de ciudadanos.

Los estadounidenses somos diferentes de muchas maneras. Vivimos en diferentes lugares, comemos diferentes comidas y hacemos diferentes trabajos. Pero los estadounidenses también nos parecemos de manera especial. Obedecemos las leyes de nuestro país. Cooperamos o trabajamos juntos para hacer de nuestro país un gran lugar para vivir.

¿Qué sabes tú?

1. ¿Cuál es el nombre de nuestro país?

2. ¿Cómo puedes ser un buen miembro de este gran grupo de estadounidenses?

La gran ayuda

A Megan Halbrook le gusta mucho ayudar a las personas. En la escuela, ella busca maneras de ayudar a sus compañeros. En su casa, ayuda a su mamá y a su papá con muchas tareas. En la actualidad, Megan tiene nuevas ideas sobre cómo ayudar a los demás. Ella escribió acerca de esas ideas en un cuento para un concurso escolar. Así empezó Megan:

"Un día mientras miraba la televisión vi algo llamado La gran ayuda. Me senté pensando en lo que era La gran ayuda. Entonces lo explicaron. La gran ayuda es sobre niños que prestan servicio comunitario. El servicio comunitario es ayudar a otras personas o ayudar al mundo."

Certificate of Participation

This certifies that

Megan Halbrook

has earned honorable mention in the intermediate division of

Literature

Hollywood Hill Elementary PTA
Reflections Contest

given this 2nd day of December 1997

Michelle Williams
Principal

Chris Selbock and Jennifer Norton
Reflections Chairpersons

34

Megan vio a niños ayudando a su comunidad de diferentes maneras. Recogían la basura, borraban con pintura los 'grafiti' y ayudaban a la gente. A Megan le gustó mucho lo último. Ella juró, o prometió, trabajar cinco horas ayudando a alguien.

El papá de Megan le dijo que ella podría unirse a un Día de cuidar a otros en el lugar donde él trabajaba. Ese día, el padre de Megan la llevó a la casa de un señor de 75 años llamado Ray. Ray ya no podía hacer sus trabajos domésticos. Megan limpió cajones, barrió con la aspiradora y lavó los platos. Megan dijo que ayudar a Ray la había hecho sentirse "muy, muy bien por dentro".

¿Qué puedes hacer tú?

 Investiga cómo pueden tus compañeros y tú, ayudar a su comunidad.

 Habla con tu familia sobre las cosas que puedes hacer para ayudar a los demás.

Visita nuestra página en Internet en **http://www.hbschool.com** para recursos adicionales.

UNIDAD

1 Repaso

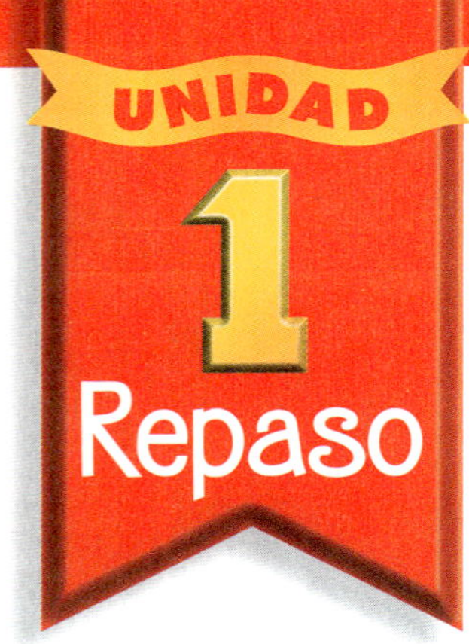

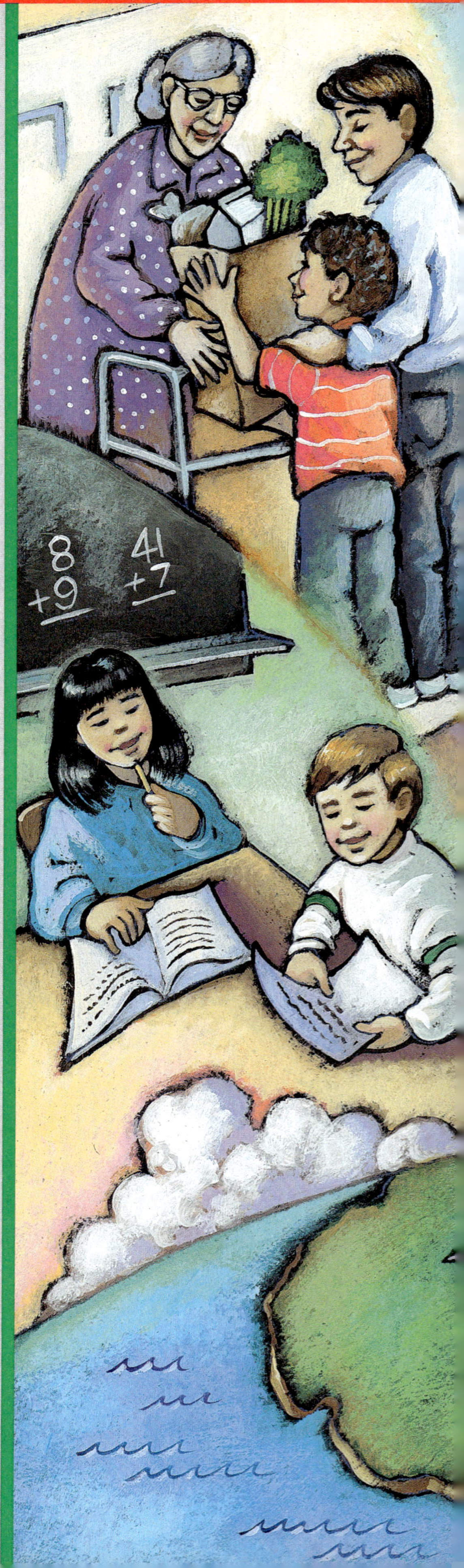

Resumen ilustrado

Mira los dibujos. Te ayudarán a recordar lo que aprendiste.

Habla sobre las ideas principales

1. Las personas pertenecemos a muchos grupos.
2. Los niños en la escuela aprenden juntos en grupos.
3. Las familias se ayudan unas a otras en los barrios.
4. Las ciudades son lugares activos donde las personas viven, trabajan y juegan.
5. Las comunidades tienen leyes para que tengamos orden y seguridad.
6. Nuestro país es el hogar de muchas personas diferentes.

Haz una lista Muchas personas te ayudan a satisfacer tus necesidades. Haz una lista de algunas de estas personas. Habla de cómo te ayudan.

TAXI

Usa el vocabulario

ley
comunidad
servicios
bienes
grupo
mapa

¿Qué palabra va con cada definición?

1 un lugar donde las personas viven, trabajan y juegan

2 un dibujo que muestra dónde están los lugares

3 una regla que todos debemos seguir

4 trabajos que las personas hacen por otras

5 varias personas haciendo algo juntas

6 las cosas que las personas hacen o cultivan para vender

Comprueba lo que aprendiste

1 Nombra dos grupos a los que perteneces.

2 ¿Qué personas de una comunidad ayudan a las familias a satisfacer sus necesidades?

3 ¿Cómo ayudan las leyes a las personas de una comunidad?

4 ¿En qué son diferentes unos de otros los ciudadanos estadounidenses? ¿En qué se parecen?

Piensa críticamente

1 ¿Qué pasaría si no hubiera leyes en una ciudad?

2 ¿Por qué debemos respetar las diferencias entre las personas?

Leer un mapa

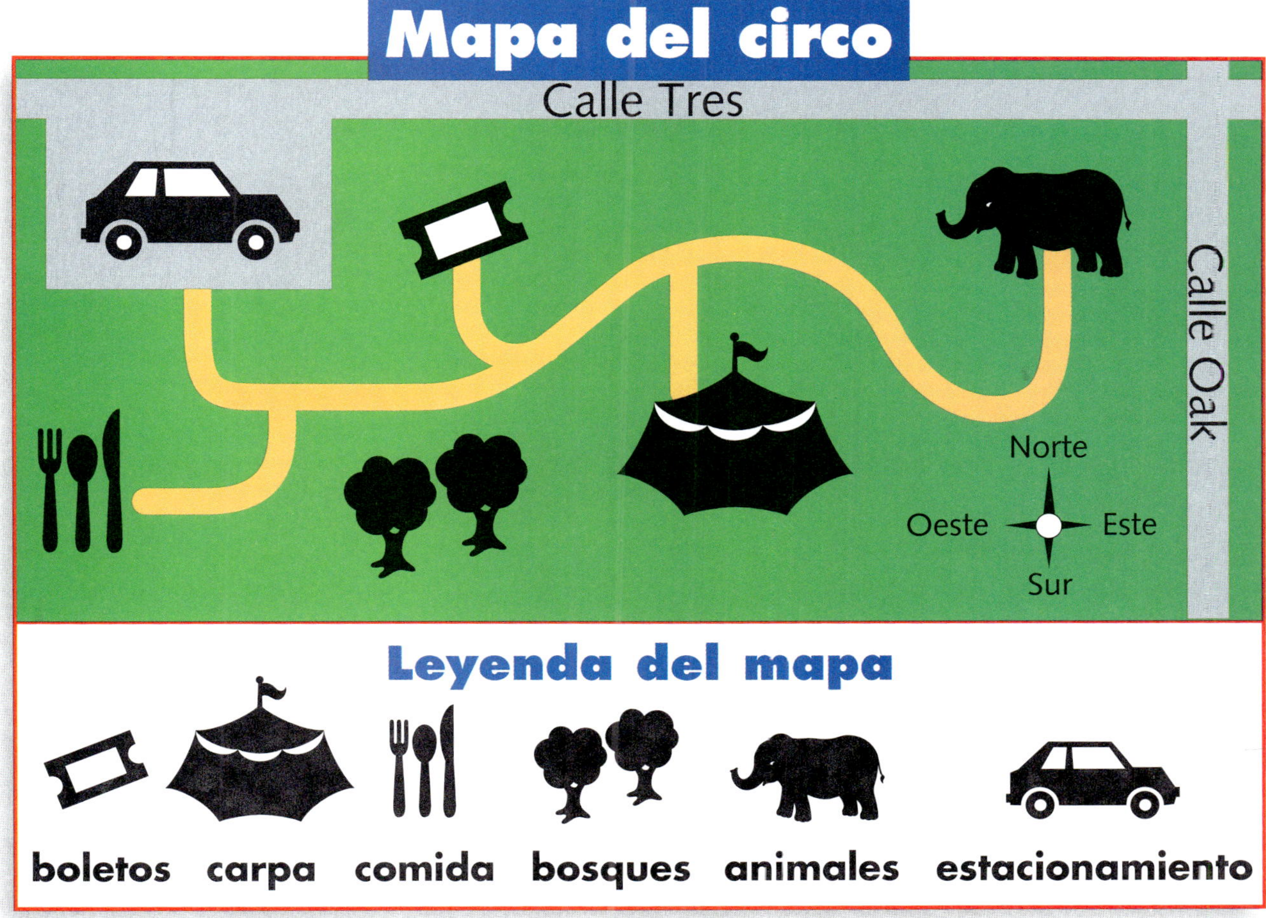

1. ¿El mapa muestra el circo visto desde la tierra o desde el aire?

2. ¿Cuál es el símbolo de la carpa del circo?

3. ¿Qué hay entre el área de la comida y el área de los animales?

4. ¿En qué calle está el estacionamiento?

5. ¿Qué está al este del estacionamiento?

Aplica tus destrezas

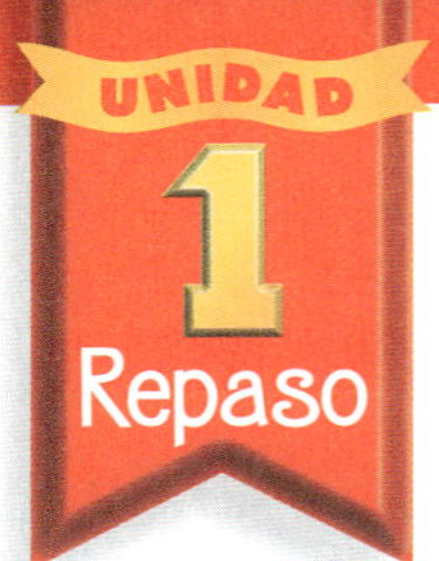

Hazlo tú mismo

Mira la foto. Haz una lista de los lugares que ves.

Dibuja un mapa con los lugares que ves en la foto.

Haz una leyenda para tu mapa. Asegúrate de poner una rosa de los vientos.

Explica tu mapa a un compañero de clase.

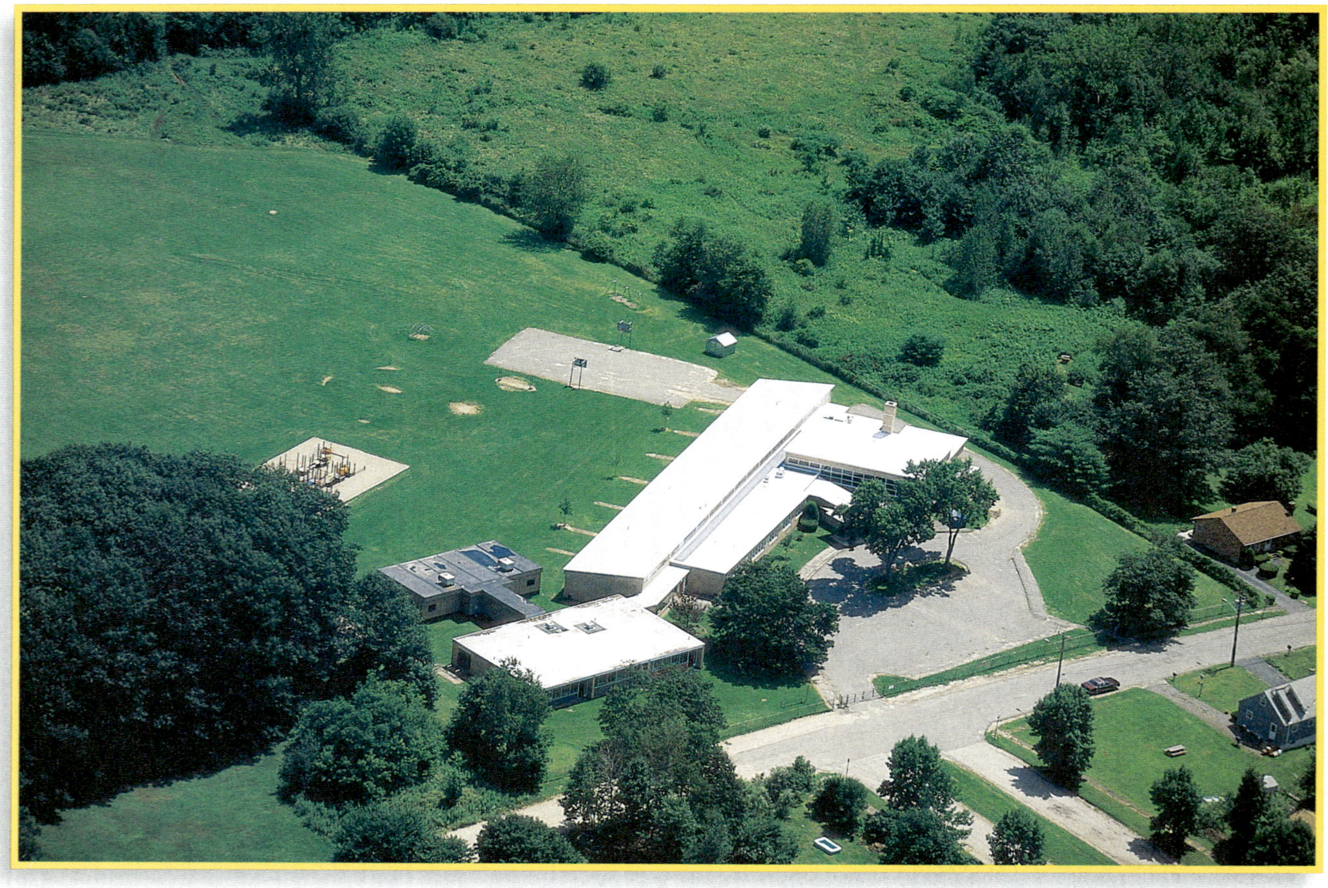

Haz un móvil titulado "El mundo en una cuerda"

Haz un móvil de personas y los grupos a los que pertenecen.

- ⭐ Recorta la silueta de tu estado y tu país.

- ⭐ Busca y recorta fotos de todos los diferentes tipos de personas.

- ⭐ Pega las piezas que recortaste en tiras de estambre y átalas a una percha.

- ⭐ Cuelga tu móvil en el salón de clases. Habla de lo que el móvil muestra.

Visita nuestra página en Internet en
http://www.hbschool.com
para recursos adicionales.

Lee más sobre el tema

<u>La clase de dibujo</u> de Tomie de Paola. Everest S.A. 1993.
La maestra de dibujo pide a los niños que copien lo que ella dibuja.
Tommy piensa que los artistas forman un grupo muy original.
¡Y siempre dibuja algo distinto!

<u>Ésta es mi casa</u> de Arthur Dorros. Scholastic. 1993.
En este libro, verás a niños de muchas partes del mundo que te abrirán las puertas de su casa. ¡Te invitarán a descubrir cómo es su vida!

2

Donde vivimos

Vocabulario

geografía

formación terrestre

continente

globo terráqueo

recurso natural

conservación

geografía

El estudio de la Tierra y sus habitantes.

formación terrestre

Un tipo de terreno.

continente

Una de las extensiones de terreno más grandes de la Tierra.

América del Norte

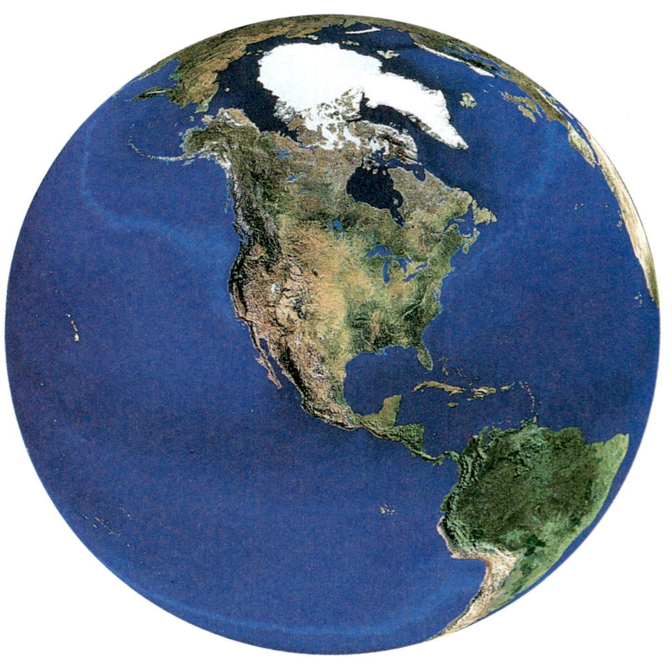

globo terráqueo

Un modelo de la Tierra.

recurso natural

Algo que usan las personas y que obtienen de la Tierra.

conservación

Trabajar para proteger los recursos naturales o hacer que duren más tiempo.

Establece el escenario con la
Literatura
Siempre me pregunto
por Aileen Fisher
ilustrado por Daphne McCormack
46

El tren es el dueño
de los caminos,
las veredas
y las vías
por donde pasa
con tremendo estruendo.

Más allá de las praderas
y más allá de los pueblos
por arriba y por abajo.

Pasa por los arroyos,
los riachuelos
y los ríos
tan grande y pesado.

Hasta dónde llegan
y dan la vuelta
siempre me pregunto.

Mirando alrededor de las comunidades

El estudio de la Tierra y las personas que viven en ella se llama **geografía**. Este álbum de fotos muestra que las personas viven en comunidades de distintos tamaños.

Las **ciudades** son lugares grandes con muchas personas y muchas cosas que hacer. Las personas viajan por calles bulliciosas y viven y trabajan en edificios altos.

Un **suburbio** cerca
de una ciudad

Un **suburbio** es
una comunidad que
está cerca de una
ciudad. Aquí los barrios
son más tranquilos y
tienen menos tráfico
que en las ciudades.
Muchas personas van
a trabajar a la ciudad
todos los días.

Un pueblo pequeño

Las personas
también viven en
pueblos pequeños o
granjas. Ahí todos los
vecinos se conocen. A
veces se reúnen para
divertirse y ayudarse
unos a otros.

Las comunidades están
rodeadas por diferentes tipos
de terreno. El terreno puede ser
plano o montañoso.
Las formas del terreno
se conocen como
formaciones terrestres.

Las **montañas** son el
tipo de terreno más alto.
Los lugares altos son
más fríos que los lugares
bajos. El aire de la cima
de las montañas altas es
tan frío que la nieve
nunca se derrite.

Montañas altas
y rocosas

Entre las montañas
y las colinas hay unos
terrenos bajos llamados
valles. Las personas
pueden vivir en los valles.

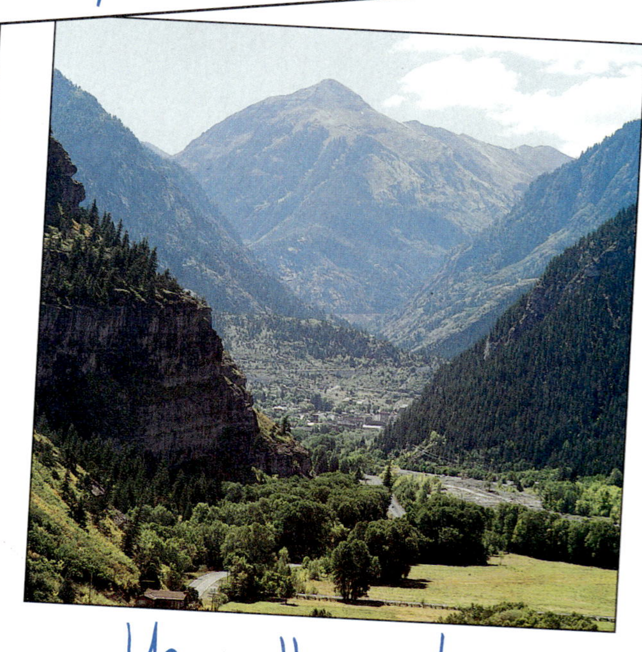

Un valle entre
las montañas

Una llanura

Las áreas de la Tierra grandes y planas se llaman **llanuras**. La tierra de las llanuras generalmente es buena para sembrar y criar animales.

Un desierto árido

Los **desiertos** son tierras áridas donde llueve poco. A menudo hace mucho calor durante el día y frío en la noche.

Las comunidades también pueden estar cerca de diferentes cuerpos de agua. El agua puede ser dulce o salada, corriente o tranquila.

Los **océanos** son los cuerpos de agua más grandes. Sus olas de agua salada bañan las playas de muchos lugares alrededor del mundo.

Olas del mar

Una isla en el mar

En algunos cuerpos de agua hay islas. Una **isla** es una formación terrestre rodeada de agua.

52

Los **ríos** son cuerpos de agua dulce, no salada. Los ríos comienzan como arroyos pequeños. Fluyen por las montañas y la tierra y desembocan en los océanos. También pueden atravesar pueblos y ciudades.

Un río de agua corriente

Los **lagos** son cuerpos de agua tranquila rodeados de tierra. Casi todos los lagos son de agua dulce y pueden ser de diferentes tamaños.

Embarcaciones en un lago

¿Qué sabes tú?

1. ¿Qué es un suburbio?

2. ¿Qué fotos te gustaría poner en un álbum de tu comunidad?

Buscar el terreno y cuerpos de agua en un mapa

A menudo los mapas tienen colores y símbolos para mostrar los diferentes tipos de terreno y cuerpos de agua.

1 Mira la leyenda del mapa. ¿De qué color son los desiertos?

2 Busca el símbolo de las montañas en la leyenda del mapa. ¿Qué parte del país tiene más montañas? ¿Qué océano está del lado del país que tiene más montañas?

3 Busca algunos lagos y ríos en el mapa. ¿Qué tipo de cuerpo de agua fluye entre Estados Unidos y México? ¿Qué tipo de cuerpos de agua hay entre Canadá y Estados Unidos?

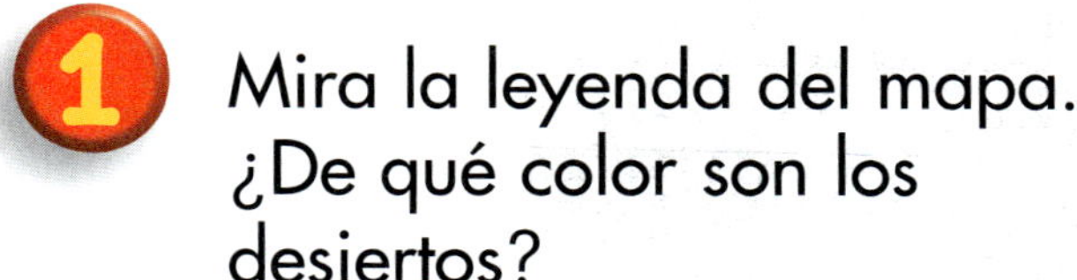

El terreno y el agua en Estados Unidos

Piensa y practica

¿Dónde están los ríos más largos de nuestro país?

¿Cómo crees que los ríos ayudan a la tierra?

La vida en diferentes lugares

Tres amigos por correspondencia hablan de cómo es la vida en una comunidad de las montañas, una comunidad de una isla y una comunidad de un desierto. Lee sus cartas.

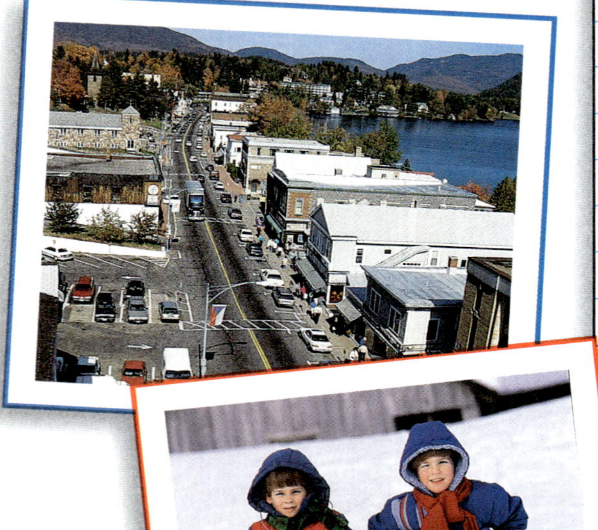

Querida Felicia,

Hola. Me da mucho gusto que seas mi nueva amiga por correspondencia. Yo vivo en New York. Mi casa está en el bosque. El otro día tomé una foto de dos mapaches que estaban en un árbol de mi patio trasero. ¿No te parecen graciosos? En las montañas que están cerca de mi casa nieva mucho. ¿Nieva en Granada?

Mi mamá trabaja en un refugio para animales. Mi abuelo trabaja en el ferrocarril del pueblo. Me gusta nadar y pescar con mis amigos en el verano. En invierno nos divertimos esquiando. ¿Tú qué haces para divertirte?

Tu amigo,
Jared

Querido Jared,

Yo vivo en una isla pequeña. También me gusta pescar. Mi familia tiene un criadero de peces. Los sábados ayudo a pescar a mi papá y a mi tío en nuestro barco.

La semana pasada tuvimos un gran carnaval en el pueblo. Vino casi todo el mundo. ¿Te gusta mi disfraz? Mi hermana me pintó la cara para el desfile.

Tomé una foto de algunos de mis amigos de la escuela. Aquí siempre hace calor. ¡Nunca he visto la nieve! ¿Cómo se siente? Por favor escribe pronto.

Tu amiga,

Felicia

P.D. Tengo otra amiga por correspondencia que se llama April. Ella también te va a escribir una carta.

Querido Jared:

Yo vivo con mis abuelos en el Pueblo Cochiti de New Mexico. Vivimos en una casa de adobe. Aquí es muy árido.

Mi clase fue de excursión. Vimos un lugar en el que habían vivido personas hace mucho tiempo. Sus casas estaban construidas en la ladera de la montaña.

Mis abuelos hacen cosas muy bonitas de cerámica y las venden a los turistas que visitan el Pueblo Cochiti. Estoy aprendiendo a hacer vasijas y muñecos de barro.

El día de fiesta de Pueblo es un día especial. Todos se disfrazan. Todos bailamos y cantamos. A lo mejor tú y Felicia pueden venir a festejar con nosotros un día. ¡Sería divertido! Por favor escríbeme.

Tu amiga

April

¿Qué sabes tú?

1. ¿En qué se diferencia el clima del lugar donde viven Jared y Felicia?

2. ¿Qué cosas escribirías en una carta sobre el lugar donde vives?

Usar un globo terráqueo

Los lugares sobre los que acabas de leer están en América del Norte. América del Norte es un área grande de tierra que se conoce como un **continente** . En un globo terráqueo puedes ver los continentes y los océanos. Un **globo terráqueo** es un modelo de la Tierra.

Mira la foto del globo terráqueo. ¿En qué se parece a la Tierra? ¿En qué se diferencia de un mapa?

2 Ahora mira abajo los dibujos del globo terráqueo. ¿Cuántos continentes ves? Nómbralos.

3 ¿Cuántos océanos ves? Nómbralos.

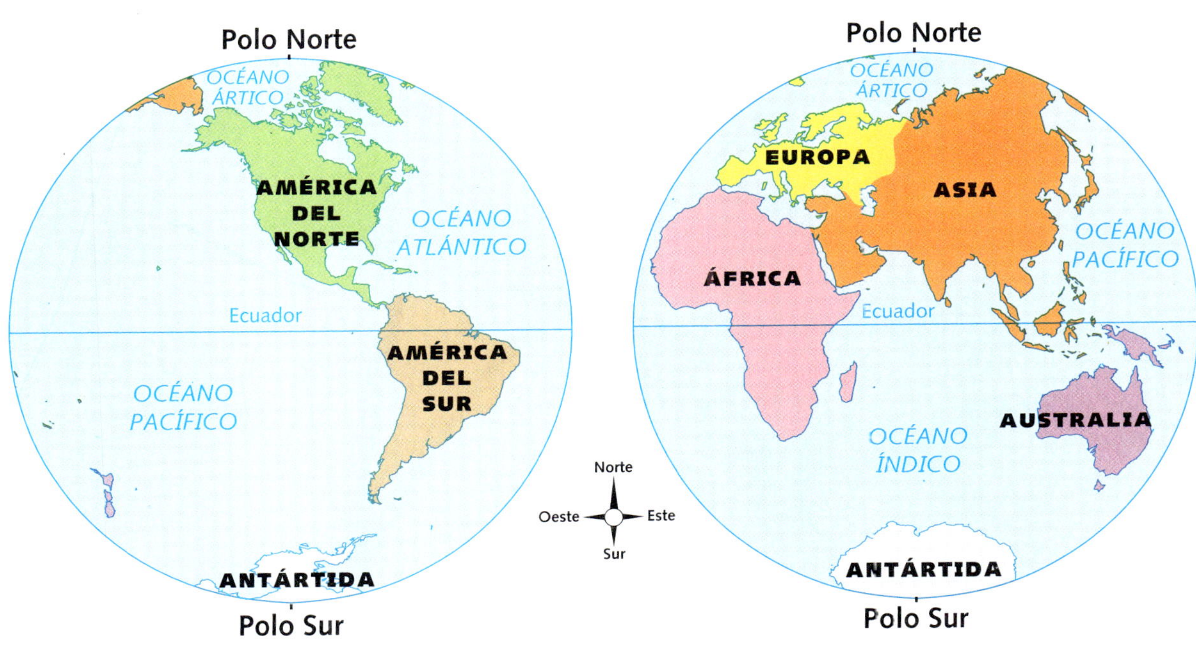

4 Busca el Polo Norte y el Polo Sur en cada dibujo. Cuando los encuentres pon tu dedo en la línea dibujada a mitad de camino entre los dos polos. Ésta es la línea del **ecuador**. Es una línea imaginaria que divide la Tierra por la mitad.

Piensa y practica

Busca el ecuador en un globo terráqueo. ¿Cuáles son los tres continentes que atraviesa la línea del ecuador?

LECCIÓN 3

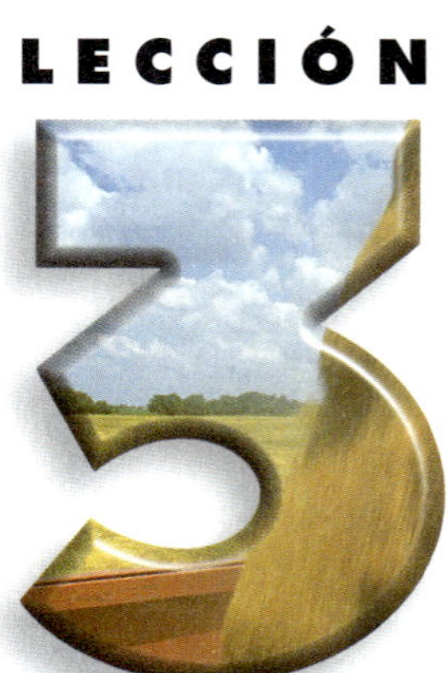

El uso de la tierra

Los compañeros de clase de Jason trajeron fotos y otras cosas de sus casas para enseñarlas y hablar sobre sus familias. Jason contó a la clase la historia de cómo su familia ha usado y cambiado la tierra de su granja.

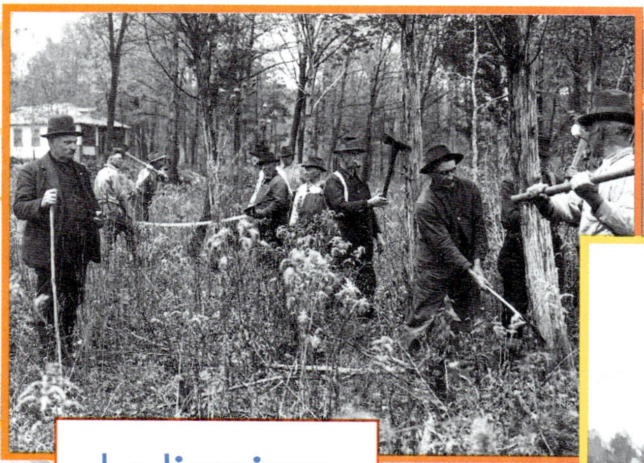

La limpieza de la tierra

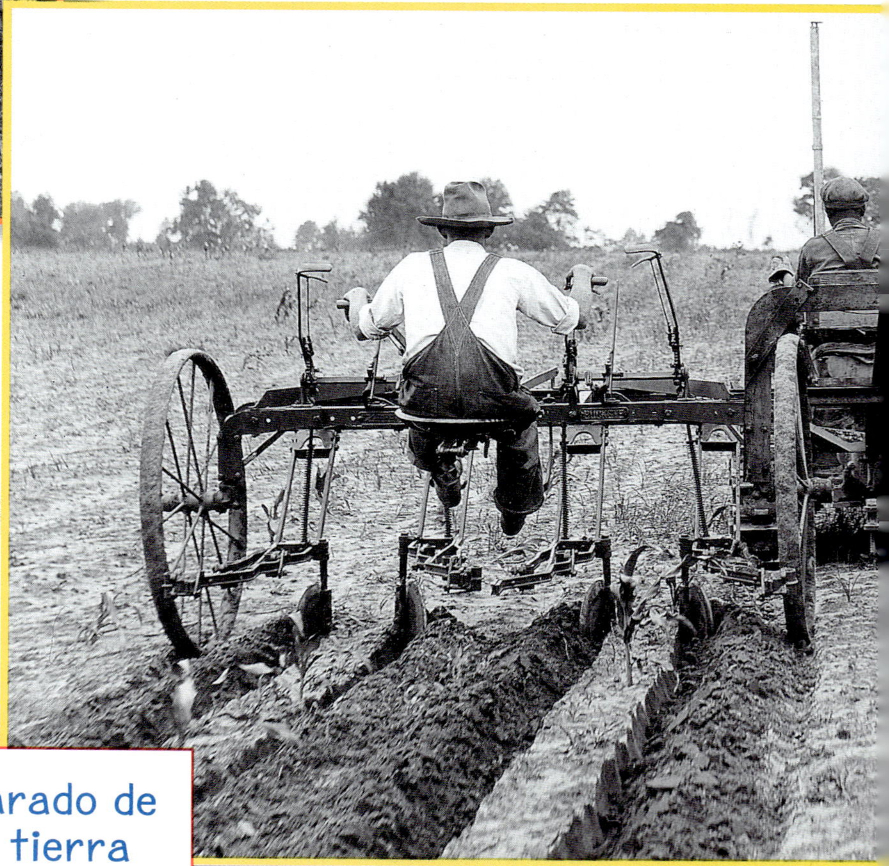

El arado de la tierra

Hace mucho tiempo, nuestra granja estaba cubierta de árboles. Mi bisabuelo cortó los árboles para poder sembrar la tierra. Una fábrica usó los árboles para hacer papel y productos de madera.

Mi bisabuelo trabajaba en la granja todos los días. Trabajaba desde muy temprano en la mañana hasta que oscurecía. Primero, araba el terreno y lo preparaba para la siembra. En la primavera, plantaba semillas de trigo en la tierra tibia y suave. Cultivar la tierra era un trabajo muy difícil.

La lluvia y el sol ayudaban a que el trigo creciera muy alto. En otoño, la **cosecha** estaba lista para ser recolectada. Todos los trabajadores ayudaban a cosechar el trigo. ¡Y todos celebraban la época de la cosecha!

La cosecha de trigo
en nuestra granja

Hace mucho, mucho tiempo, unos agricultores sembraron trigo en un lugar árido que se llamaba Mesopotamia. Usaban arados que eran tirados por unos bueyes para hacer surcos donde plantar las semillas. También hacían acequias para regar las plantas.

Ahora, mi familia cultiva la tierra de manera diferente. Tenemos computadoras y máquinas nuevas que nos ayudan con el trabajo. Pero la agricultura sigue siendo un trabajo difícil.

Mi mamá trabaja en la estación de televisión. Ella habla del clima. Es muy importante para los agricultores saber cuándo va a llover.

Toda nuestra familia trabaja duro durante la siembra y la cosecha. ¡La cosecha es la mejor época del año!

Me gusta mirar como la máquina arroja el trigo en los camiones. El trigo se seca y se guarda en unos edificios altos que se llaman elevadores. Después vendemos el trigo a unas fábricas que lo usan para hacer harina, pan y pasta.

Me gusta mucho vivir y trabajar en la granja con mi familia. ¡Pero lo que más me gusta de la granja es comer los deliciosos productos que obtenemos de nuestra tierra!

La carga del grano

¿Qué sabes tú?

1. ¿Cómo preparan el terreno para la siembra los agricultores?

2. ¿Cómo usan o cambian la tierra las personas que viven cerca de donde vives?

¿De dónde vienen nuestros alimentos?

Piensa en lo que te gusta comer a la hora del desayuno. ¿Cuántas personas crees que se necesitan para preparar tu desayuno? ¿Te sorprendería saber que se necesitan cientos de personas?

Muchas personas trabajan para que los alimentos de la granja lleguen hasta tu mesa. Algunas cultivan y hacen los alimentos, otras los transportan y otras los venden.

Sigue paso a paso el **diagrama de flujo** que te muestra cómo llegan los tomates hasta tu mesa.

Unos agricultores plantan y cultivan los tomates.

66

Unos trabajadores agrícolas usan máquinas grandes para cosechar los tomates.

Unos conductores de camión llevan los tomates a una fábrica de enlatados.

Después, el jugo es llevado a todo el país en tren o en camión.

En la fábrica de enlatados, unos trabajadores hacen el jugo de tomate.

Los alimentos vienen de todo el país y también de todo el mundo. Las frutas y las verduras frescas, la carne y los productos lácteos deben conservarse fríos durante su transporte.

Los alimentos pueden ser transformados antes de llegar a las tiendas. Los pueden congelar, enlatar o secar.

Después de que los alimentos llegan a las
tiendas, otros trabajadores se encargan de ellos.
Unos se fijan que todavía estén frescos. Otros los
ponen en su lugar en los anaqueles. Otros venden
lo que compras y reciben el dinero con el que pagas.

La última parada de los alimentos es la mesa de
tu casa. La próxima vez que disfrutes tu comida,
¡dale las gracias a tantas personas que ayudaron a
llevarla hasta tu mesa!

¿Qué sabes tú?

1. ¿Dónde se hace el jugo de tomate?

2. ¿Cuál es tu alimento favorito para el desayuno?
   ¿Cuántas personas ayudan a llevarlo hasta tu mesa?

LECCIÓN
5
Aprende
la geografía
con la literatura
Cómo hacer un
pastel de manzana
y ver el mundo
por Marjorie Priceman
70

La tierra nos da muchos recursos naturales. Los
recursos naturales son las cosas que las personas usan
para hacer lo que necesitan. ¡Investiga cómo puedes usar
el mundo entero como si fuera un supermercado!

Hacer un pastel es en realidad muy fácil. Primero, hay que
comprar todos los ingredientes en el mercado. Después, hay
que mezclarlos bien, hornearlos y servir el pastel. A menos, por
supuesto, que el mercado esté cerrado.

Si el mercado está cerrado, ve a casa y empaca una maleta.
Llévate tu lista de compras y unos zapatos para caminar. Luego
súbete a un barco de vapor rumbo a Europa. Aprovecha los seis
días que vas a pasar en el barco para practicar tu italiano.

Si lo planeas bien, llegarás a Italia en la época de la cosecha.
Busca una granja escondida en el campo. Recolecta un poco de
la mejor sémola de trigo. Una brazada o dos serán suficientes.

Después súbete a un tren rumbo a Francia y consigue una
gallina.

Las gallinas francesas ponen huevos elegantes; y tú sólo quieres los ingredientes más finos para tu pastel. Convence a la gallina que ponga un huevo para ti. Mejor aún, llévate a la gallina. Así hay menos peligro de romper el huevo.

Vete a Sri Lanka como puedas.

Sri Lanka es una isla en forma de pera que está en el océano Índico. La verás fácilmente. Allí hacen la mejor canela del mundo. La sacan de la corteza de un árbol nativo que se llama kurundu. Así que ve directo al bosque pluvial. Busca un árbol de kurundu y toma un poco de su corteza. Si ves a un leopardo durmiendo bajo el árbol, no hagas ruido.

Pide un aventón a Inglaterra. Haz amistad con una vaca.
Sabrás que es una vaca inglesa por sus buenos modales y su
acento encantador. Pregúntale si puedes tomar una o dos
tazas de leche. Mejor aún, llévate la vaca para que tengas los
ingredientes más frescos.

Viaja como polizón en un barco platanero que vaya de
regreso a Jamaica. En el camino, puedes recoger un poco de
sal. Llena un frasco con agua salada de mar.

Cuando el barco llegue a Jamaica, ve caminando a la
plantación de azúcar más cercana. Saluda a todo el mundo.
Cuéntales sobre el pastel que estás haciendo. Después ve al
campo y corta unas cañas de azúcar.

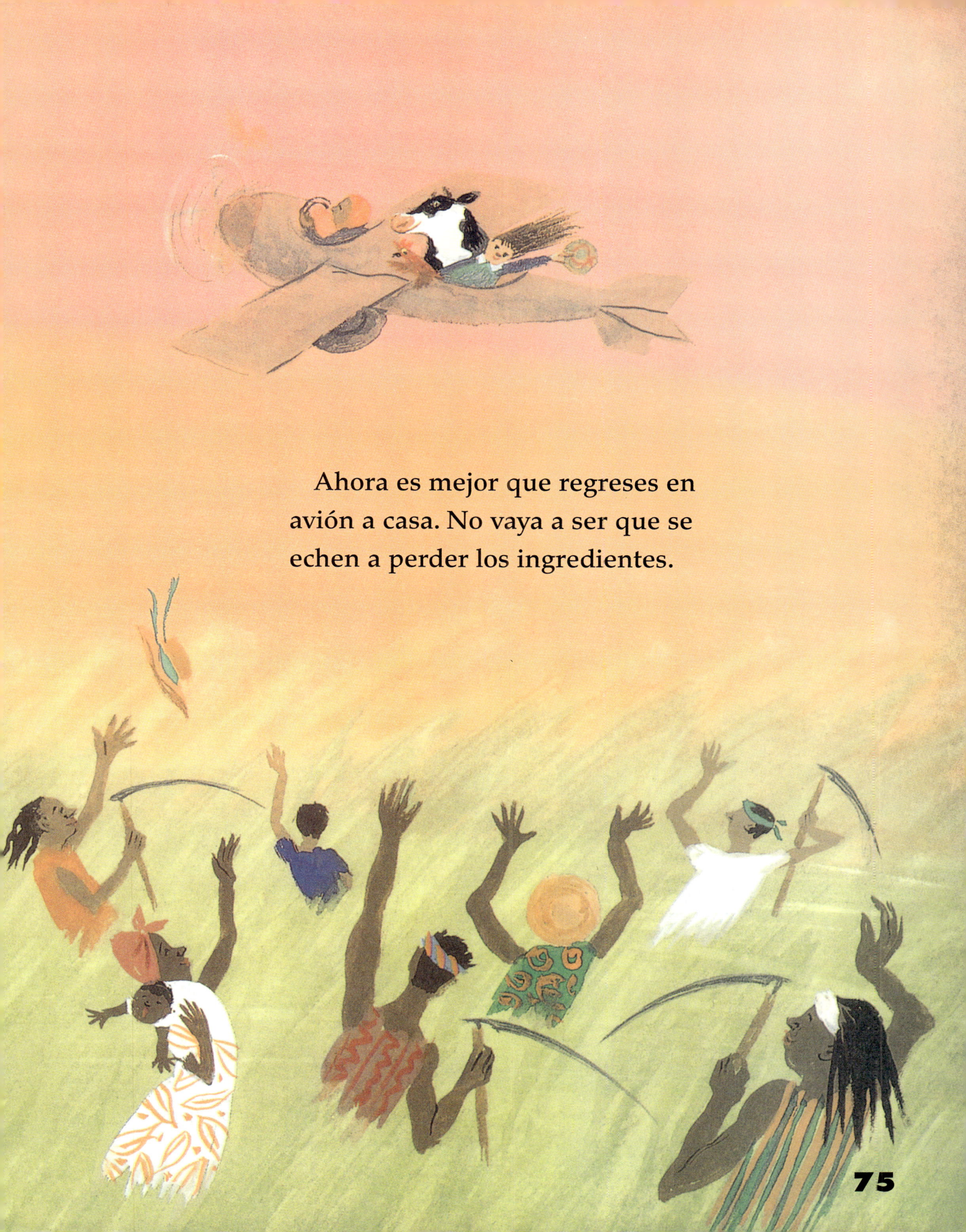

Ahora es mejor que regreses en
avión a casa. No vaya a ser que se
echen a perder los ingredientes.

Espera. ¿No se te olvida algo? ¿Y LAS MANZANAS? Pide al piloto que te deje en Vermont.

No tienes que ir muy lejos para encontrar un huerto de manzanos. Toma ocho manzanas rosadas de la copa del árbol. Dale una a la gallina, una a la vaca y cómete otra. Entonces te quedan cinco para el pastel. Ahora regresa a casa rápidamente.

Ahora todo lo que tienes que hacer
es moler el trigo para hacer harina,

moler la corteza de
kurundu para hacer
la canela,

evaporar el agua de mar
para obtener la sal,

hervir la
caña de
azúcar,

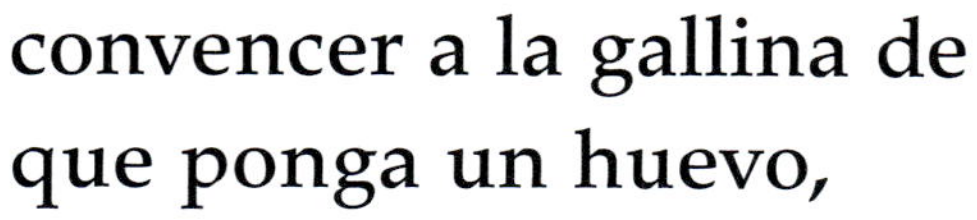

convencer a la gallina de
que ponga un huevo,

ordeñar la vaca,

batir la leche
hasta que
se haga
mantequilla,

rebanar las
manzanas,

mezclar los ingredientes
y hornear el pastel.

Mientras el pastel se enfría, invita a
algunos amigos para que lo compartan
contigo.

Recuerda que el pastel de manzana es
delicioso si le pones helado de vainilla encima
lo cual puedes conseguir en el mercado. Pero
si el mercado está cerrado . . .

¡TE LO PUEDES
COMER SIN NADA!
manzanas ✓
harina ✓
car ✓
la ✓
Sal ✓
tequi

¿Qué sabes tú?
1. ¿Qué recursos naturales se necesitaron
para hacer el pastel?

81

Leer una tabla

En <u>Cómo hacer un pastel de manzana y ver el mundo,</u> leíste sobre las cosas que usamos de la Tierra. Puedes usar un tipo de lista que se llama **tabla** para conocer otros recursos naturales importantes.

1 Lee el título de la tabla. ¿Qué muestra esta tabla?

2 ¿Cuáles son los cuatro recursos naturales que aparecen en la tabla?

3 Nombra dos productos hechos de trigo.

4 ¿Qué recurso natural se necesita para hacer juguetes de plástico?

Piensa y practica

Algunos productos aparecen más de una vez en la tabla. ¿Qué productos están hechos con más de un recurso natural?

Productos hechos de recursos naturales

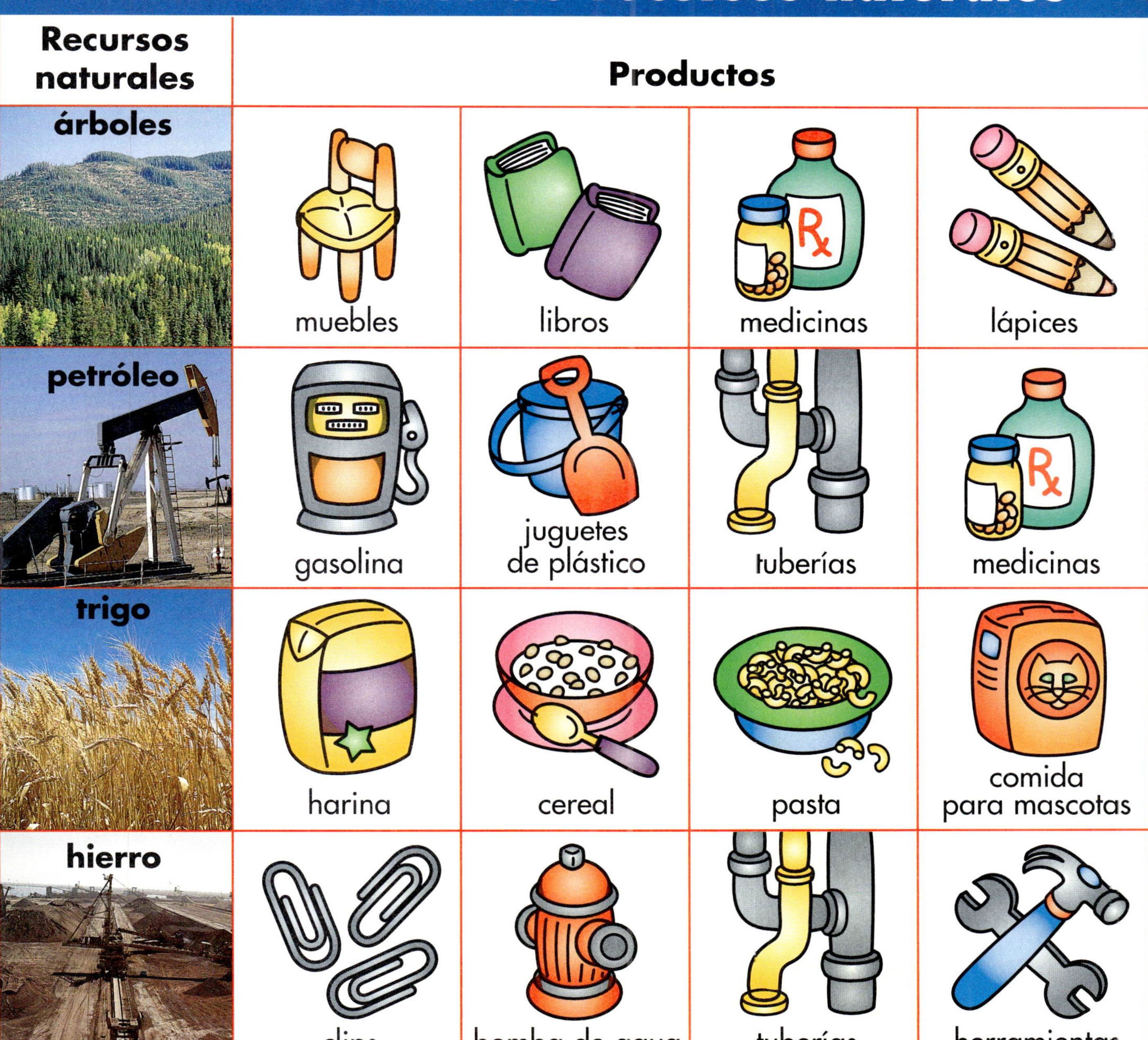

¿Qué pasaría si . . . ?

La familia de Carlos Díaz tiene un huerto de naranjos. Su familia vende algunas de las naranjas a las tiendas. Las que les sobran se las venden a unas compañías que hacen jugo de naranja.

Haz un grupo y hablen de lo que creen que pasaría si hubiera una helada. Una helada es cuando hace tanto frío que se echan a perder las naranjas.

- ¿Cómo afectaría la helada a la familia Díaz?
- ¿Cómo afectaría la helada al dueño de la tienda y a la compañía que hace el jugo de naranja?
- ¿Cómo afectaría la helada a las personas que compran naranjas y jugo de naranja?

Muestra lo que pasaría

- Escribe lo que crees que cada persona diría sobre la helada.
- Escribe una historia para el periódico sobre la helada.
- Haz un dibujo que muestre como se verían los árboles y las naranjas antes y después de la helada.

Lluvia de ideas

6 El cuidado de la Tierra

Mi nombre es Nikko y me gustan los árboles. Tengo la colección más grande de hojas de toda mi clase de segundo grado. La semana pasada hablé con una guardabosques que se llama Mia Monroe. Hablamos sobre la conservación. La **conservación** es lo que nosotros hacemos para proteger los recursos naturales como el bosque.

Estas son algunas de las cosas que aprendí sobre el trabajo de los guardabosques.

Nikko: ¿En dónde trabajas?

Guardabosques Monroe: Trabajo en un parque nacional. Un parque nacional es un lugar en donde se protegen la naturaleza y los animales. Los visitantes pueden ver muchas clases de plantas y de animales.

Nikko: ¿Qué es lo que más te gusta de ser guardabosques?

Guardabosques Monroe: Mi deber favorito es hablar a los niños de las plantas y la vida silvestre del bosque.

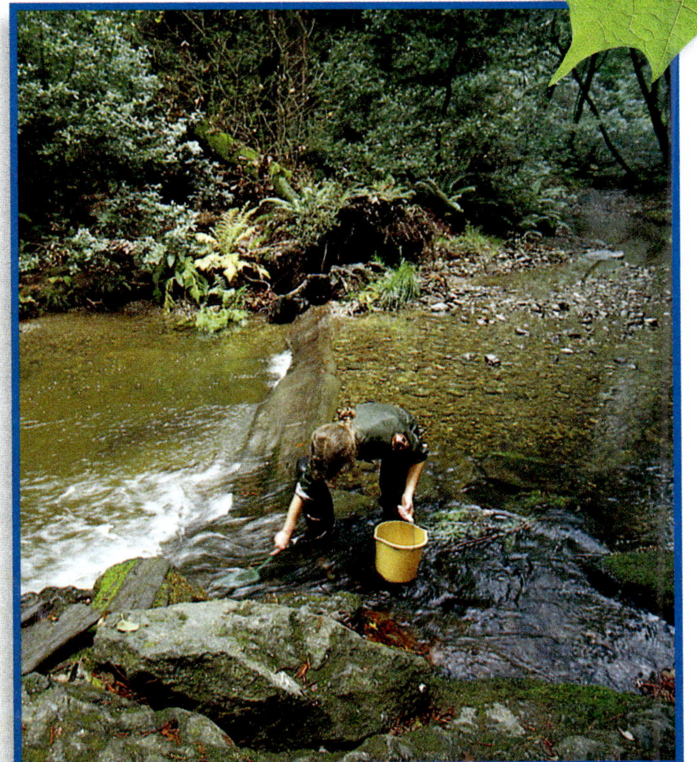

Nikko: ¿Qué otros deberes tienes?

Guardabosques Monroe: Busco personas y animales que pueden necesitar ayuda. Obtengo muestras del agua y de la tierra para examinarlas. También vigilo que las personas obedezcan las reglas del parque.

Nikko: ¿Cuáles son algunas de las reglas del parque?

Guardabosques Monroe: No se permite que las personas tiren basura, arranquen flores o corten árboles. Tampoco pueden molestar o herir a los animales. Las reglas protegen los parques para que todos podamos disfrutarlos.

Nikko: ¿Qué herramientas usas en tu trabajo?

Guardabosques Monroe: Uso mapas, una brújula y una radio de comunicación. También uso unos binoculares para vigilar el bosque.

Al señor John Muir se le conoce como el creador de nuestros parques nacionales. Él enseñó a las personas la importancia de proteger la naturaleza. Él dijo: "todos necesitamos de la belleza tanto como necesitamos comer, tener lugares para jugar y lugares para orar en donde la naturaleza pueda sanar y dar fuerza al cuerpo y al espíritu."

La guardabosques Monroe también me dijo que algunos guardabosques vigilan el bosque por si ocurren incendios. Se suben a unas torres más altas que las copas de los árboles y desde ahí buscan señales de humo usando sus binoculares.

Es importante que los visitantes y los guardabosques trabajemos juntos para conservar el bosque.

Torre de vigilancia de incendios

¿Qué sabes tú?

1. ¿En qué trabaja Mia Monroe?

2. ¿Qué preguntas se te ocurren sobre la conservación?

Los Bosqueteros

¿Pueden los niños hacer que cambien las cosas? ¡Por supuesto que sí! Me llamo Sabrina y vivo en El Segundo, California. Mis amigos y yo queríamos ayudar a mantener limpias la tierra y el agua. Cuando teníamos ocho años formamos un club que se llamaba Los Bosqueteros.

Los Bosqueteros decidieron tratar de resolver un problema muy grande. El Segundo está cerca del aeropuerto de Los Angeles. Debido a los aviones que pasan por ahí, hay mucho ruido y mucha **contaminación** en nuestro pueblo.

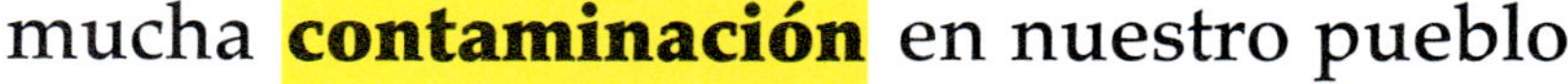

El Segundo, California

Aprendimos que los árboles pueden ayudar a controlar la contaminación que hay en El Segundo. Plantamos un árbol y lo llamamos Marcie, el árbol maravilloso. Ya hemos plantado más de 700 árboles en El Segundo.

¿Qué puedes hacer tú?

 Haz un cartel que muestre lo que tú puedes hacer para ayudar a la Tierra.

 Lee libros sobre la Tierra, como <u>Michael Bird-Boy</u> de Tomie dePaola o <u>A Tree Is Nice</u> de Janice May Udry.

UNIDAD 2 Repaso

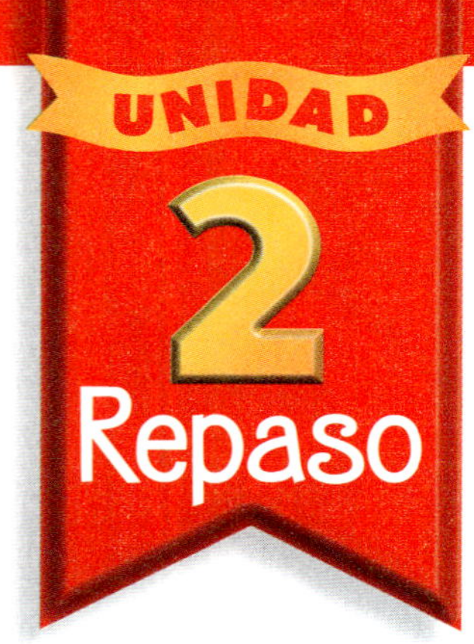

Resumen ilustrado

Mira los dibujos. Te ayudarán a recordar lo que aprendiste.

Habla sobre las ideas principales

1. Las comunidades pueden ser de diferentes tamaños.
2. La Tierra tiene diferentes tipos de terrenos y de cuerpos de agua.
3. Las personas pueden cambiar el terreno.
4. Las personas de los pueblos y de las granjas dependen unas de otras.
5. Los recursos naturales importantes provienen de la Tierra.
6. La conservación ayuda a proteger los recursos naturales.

Describe un personaje Piensa en algún personaje que podría vivir en la ilustración . Describe en dónde vive y trabaja. Di lo que hace para divertirse.

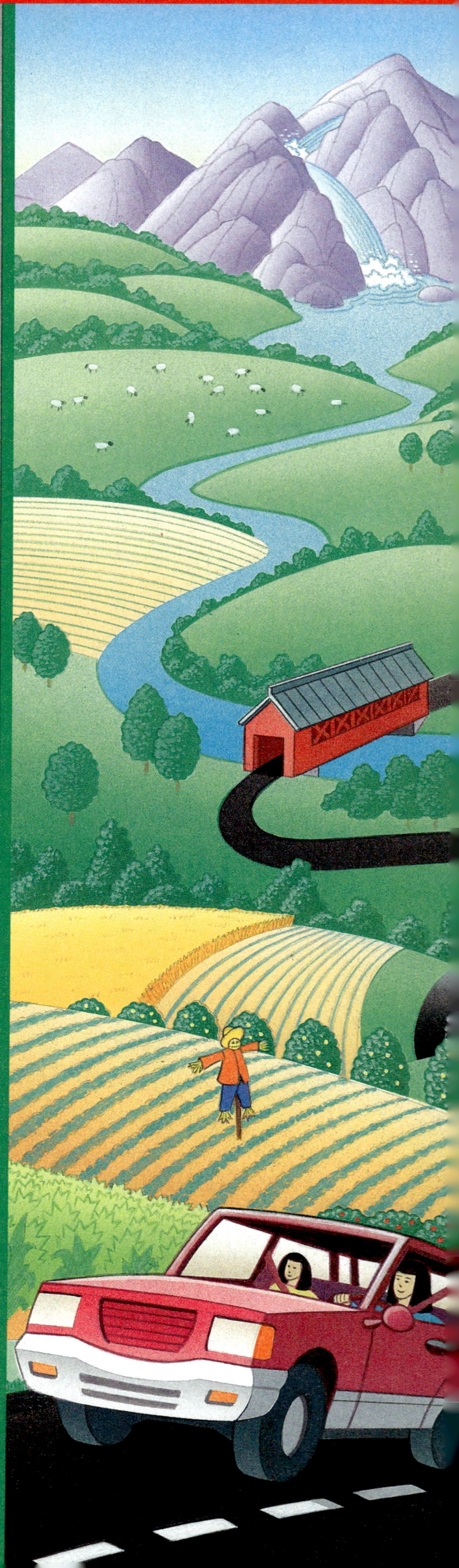

GAS
MARKET

Usa el vocabulario

Escoge dos palabras de la lista. Escribe unas oraciones usando esas palabras para hablar del lugar donde vives.

conservación
continente
geografía
globo terráqueo
formación terrestre
recurso natural

Comprueba lo que aprendiste

1. ¿Qué diferencia hay entre un suburbio y una ciudad?

2. Nombra y describe un tipo de formación terrestre y un tipo de cuerpo de agua.

3. ¿Cómo cambian las personas el terreno?

4. ¿Qué tipo de trabajadores ayudan a que los alimentos lleguen hasta tu hogar?

5. Habla sobre algo que usas que proviene de la tierra.

Piensa críticamente

1. ¿Cómo te ayuda la geografía a aprender sobre las personas?

2. ¿Cómo puedes ayudar a cuidar la Tierra? ¿Por qué es importante cuidarla?

Cómo leer una tabla

Árboles		
Tipo	**Tamaño**	**Productos**
Arce	50–80 pies	jarabe, muebles, cajas, instrumentos musicales
Nogal	90–120 pies	nueces, pisos, muebles, paredes interiores
Pino	75–200 pies	madera, aguarrás, pintura, jabón, papel
Roble	40–90 pies	madera, muebles, barriles, papel, traviesas para vías de tren
Secuoya	200–275 pies	muros, terrazas, mesas de campo

1 ¿Cuántos tipos de árboles aparecen en la tabla?

2 ¿Qué árbol crece más alto?

3 ¿Qué árbol nos da jarabe?

Hazlo tú mismo

Haz una tabla. Escoge un ave, un pez, un animal o una flor. Usa el nombre de lo que hayas escogido como el título de tu tabla. Escribe dos cosas acerca de él en tu tabla.

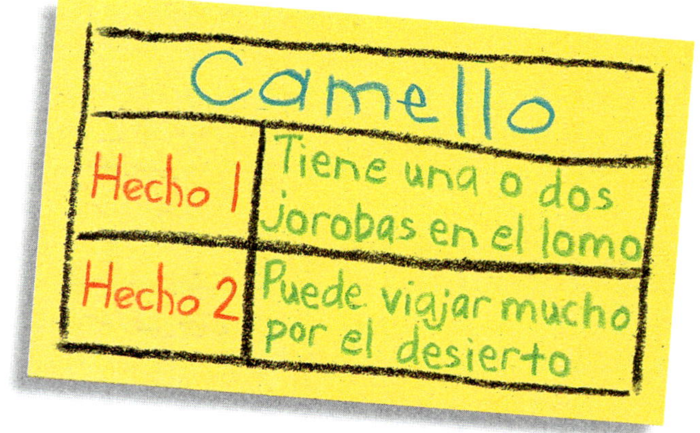

Usar un globo terráqueo

Mira un globo terráqueo y contesta estas preguntas.

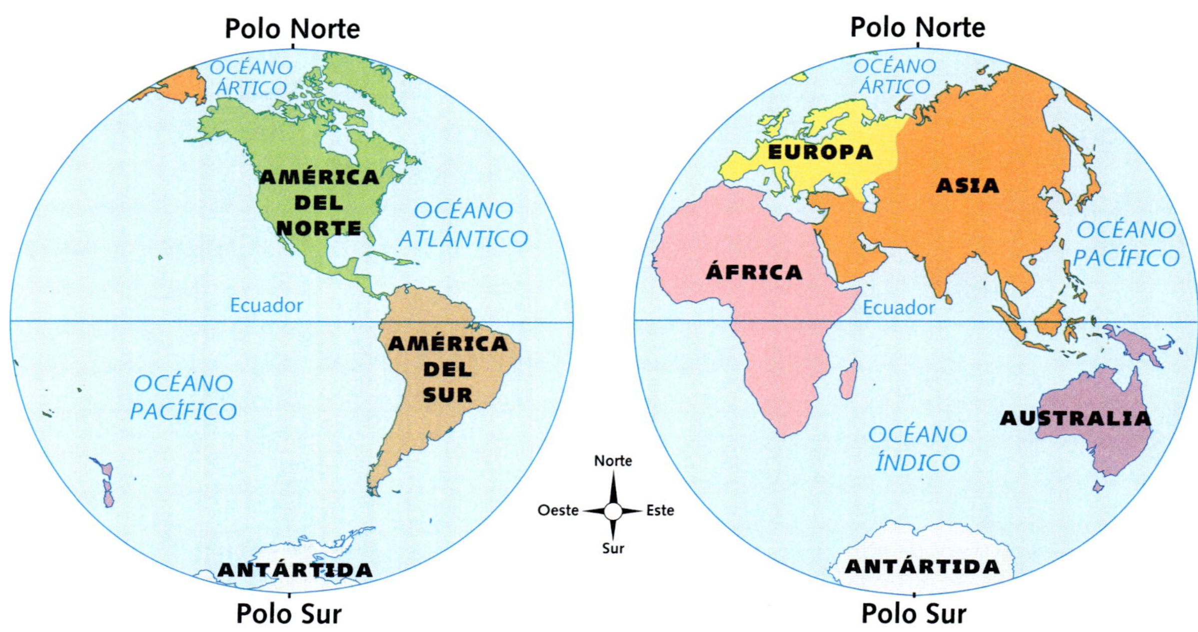

1. ¿Está Europa al norte o al sur del ecuador?

2. ¿Qué polo está en Antártida?

3. ¿Cúales dos continentes forman juntos el área más grande de la Tierra?

4. ¿Qué océano está al sur de Asia?

5. ¿Qué continentes están completamente al sur del ecuador?

Haz un cartelón

⭐ Haz unos dibujos sobre un cartelón que muestren cómo es el terreno donde vives.

⭐ En tus dibujos muestra cómo las personas han cambiado el terreno.

⭐ Busca unas fotos o haz unos dibujos de los productos que da la tierra donde vives y las cosas que se hacen con ellos.

⭐ Cuelga tu cartelón y ponle título.

Visita nuestra página en Internet en **http://www.hbschool.com** para recursos adicionales.

Lee más sobre el tema

<u>Las cosas de Pablo de Juan Farias</u>. Ediciones SM. 1997. Pablo vive en un pueblo de pescadores. Le escribe cartas a un amigo. Acompáñalo mientras te cuenta las maravillas que hay en su pueblo.

<u>Por amor a nuestra Tierra de P.K. Hallinan</u>. Lectorum Publications, Inc. 1992. Lleno de graciosas ilustraciones, este libro cuenta cómo hay que trabajar unidos y darle a la Tierra el cuidado que merece.

UNIDAD

3

Todos trabajamos juntos

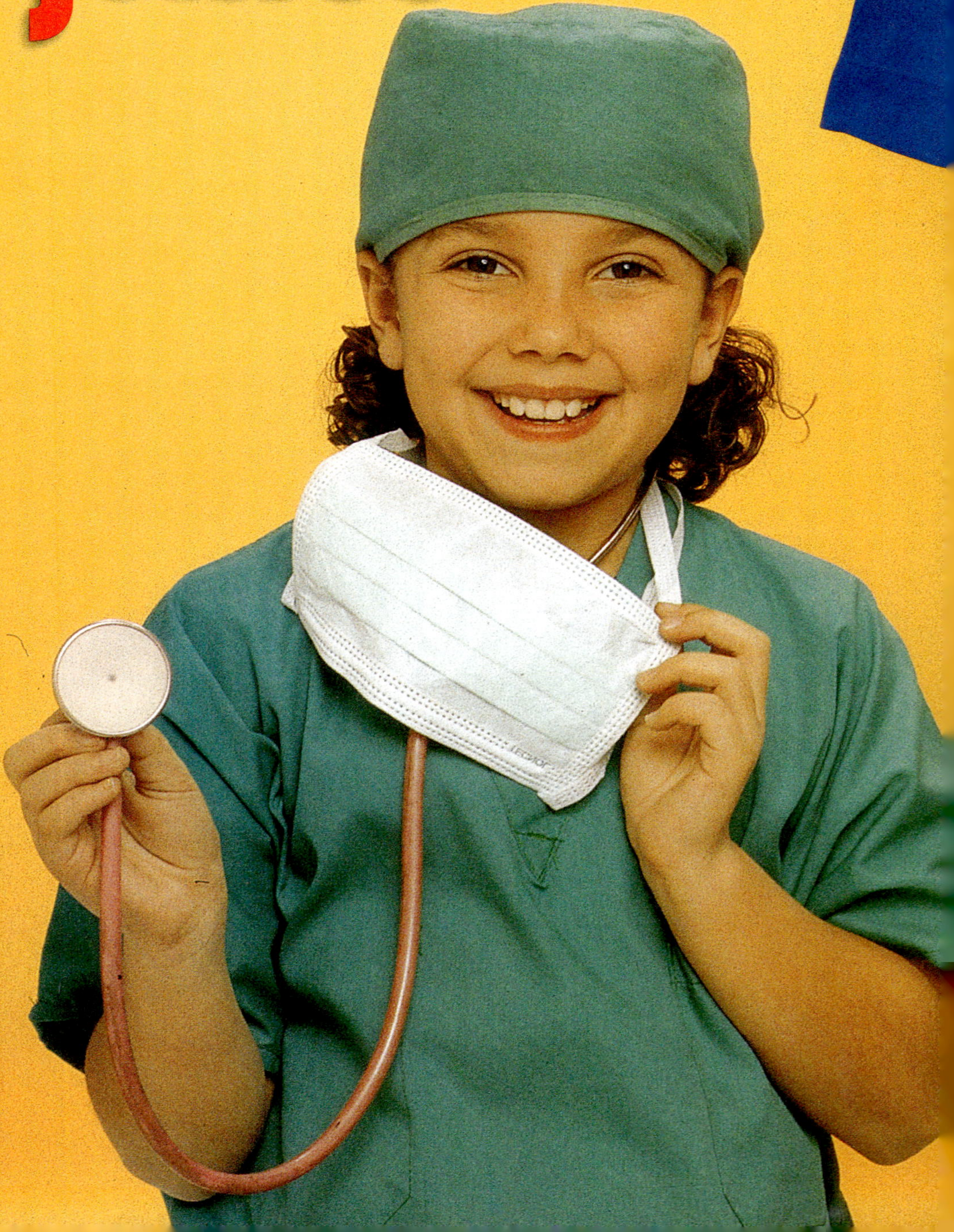

Vocabulario

impuestos
fábrica
transporte
productor
consumidor
ingreso

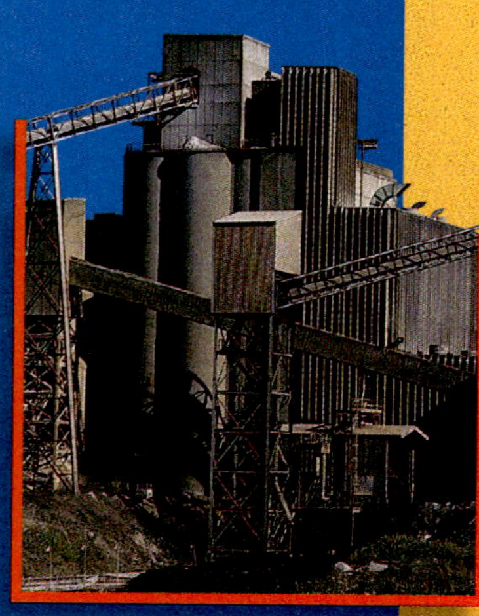

C.F.D.
CHIEF

impuestos

Dinero que las personas pagan a su gobierno por sus servicios.

fábrica

Un lugar donde las personas hacen bienes.

transporte

Cualquier manera de llevar a las personas o las cosas de un lugar a otro.

productor

Una persona que hace o siembra algo.

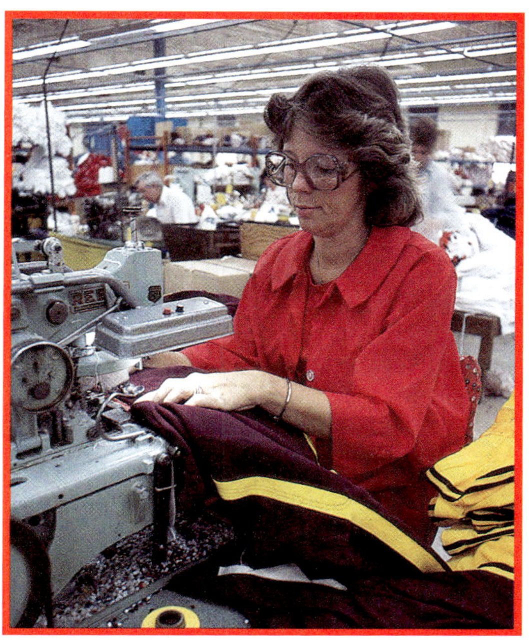

consumidor

Una persona que compra y usa bienes y servicios.

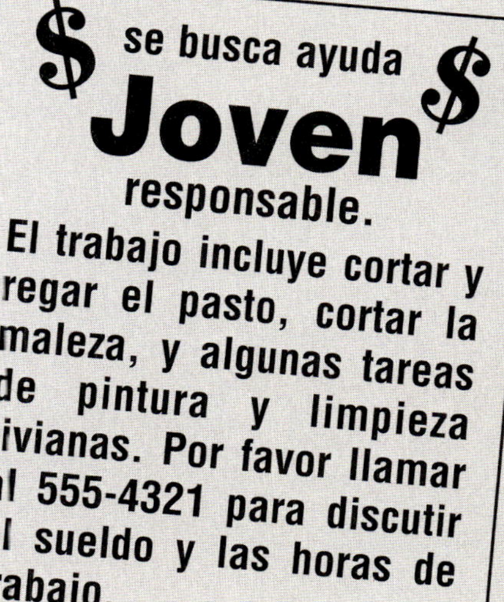

ingreso

El dinero que gana una persona por el trabajo que hace.

Literatura
zarzaparrilla
Té
tela
azúcar
morena
azúcar

La tienda

por Rachel Field
ilustrado por Jane Conteh–Morgan

Algún día tendré una tiendita
y en la puerta colgaré una campanita,
con muchas vitrinas y un gran mostrador
con cajones llenos de cosas para el consumidor.
Habrá un poco de todo;
telas multicolores, bolas de estambre;
cajitas de mentas y paquetes de té;
ollas, cafeteras y sartenes;
semillas en paquetes y tijeras resplandecientes;
barriles de azúcar blanca y morena;
zarzaparilla para los picnics;
botas y plátanos a montones.
Arreglaré la vidriera y el mostrador,
y me haré rica vendiendo al por mayor,
será mi tienda y yo diré cuando los vea entrar
"¡Hola! ¿Cómo los puedo ayudar?"

1

Servicios comunitarios

Mi clase ha estado aprendiendo sobre cómo la comunidad paga por sus servicios. Leímos este artículo en nuestra revista semanal.

Los impuestos pagan los servicios comunitarios

Las comunidades obtienen dinero de las personas que viven ahí. A este dinero se le llama **impuestos**. Los impuestos sirven para pagar a los trabajadores como los maestros, policías y bomberos. Con este dinero también se paga a los líderes de nuestra comunidad.

Los impuestos se usan para construir escuelas y comprar patrullas y camiones de bomberos. Los impuestos pagan por el cuidado de los niños en las clínicas de salud. Los impuestos ayudan a que la comunidad cuide a sus ciudadanos.

"**Los impuestos ayudan a que la comunidad cuide a sus ciudadanos**".

¿Qué sabes tú?

1. ¿Quién paga los impuestos?
2. ¿Cómo ayudan los impuestos a tu comunidad?

Usar una pictografía

La clase del Sr. Lee hizo una pictografía para mostrar los lugares que dan servicios en su comunidad. Una **pictografía** muestra las cantidades de las cosas con dibujos.

1. Mira la pictografía. ¿Cuántos tipos de servicios se muestran?

2. Busca la leyenda. ¿Qué símbolo se usa para mostrar el número de lugares que da cada tipo de servicio?

3. ¿Cuántas escuelas hay? Cuenta los símbolos para descubrirlo.

4. ¿Hay más o menos estaciones de bomberos que escuelas?

Piensa y practica

Piensa en otro servicio que puedes agregar a la pictografía.

Los servicios de nuestra comunidad
Banco
Estación de bomberos
Hospital
Oficina de correos
Escuela
Leyenda
= 1 servicio

2

Las personas producen bienes

La clase de Josh fue a una excursión la semana pasada. Sigue su ruta para ver qué aprendieron sobre cómo se hacen los zapatos de tenis.

1 Las fábricas de tenis son lugares muy activos. Una **fábrica** es un lugar donde se hacen bienes. Cada trabajador en la fábrica tiene un trabajo especial que hacer.

2. La fábrica compra el caucho en países lejanos. Los trabajadores vierten el caucho derretido en moldes para formar las suelas.

3. Las máquinas cortan la tela de la parte de arriba de los tenis y después los trabajadores cosen las diferentes partes.

 **4** Algunos trabajadores hacen agujeros para los cordones en la parte de arriba. Otros pegan la parte de arriba con la de abajo.

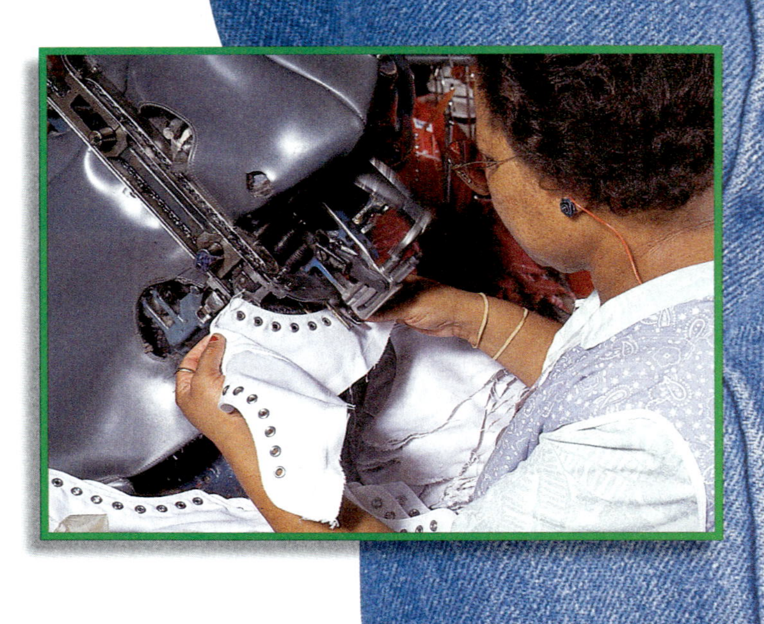

 **5** Después, otros trabajadores pegan tiras de caucho alrededor de los tenis.

Finalmente, un trabajador pone los tenis en unos estantes para que se horneen. Esto los hace resistentes.

Cuando los tenis están listos, los trabajadores les ponen los cordones. Luego meten los zapatos en cajas. Las cajas se empacan en camiones y se mandan a las tiendas.

¿Qué sabes tú?

1. ¿Qué es una fábrica?
2. Mira tus zapatos. Cuenta cómo crees que se hicieron.

Predecir algo que puede pasar

El tío y la tía de Kim le dieron dinero como regalo de cumpleaños. —Gracias —dijo—, lo usaré para comprar un par de zapatos nuevos.

En la tienda, el vendedor le preguntó a Kim —¿Qué tipo de zapatos estás buscando?

Kim dijo —Todos mis amigos usan tenis de colores brillantes. ¡Yo quiero unos rosados!

—Lo siento mucho —dijo el vendedor—. Sólo tenemos tenis negros y blancos. ¿No te gustarían unas sandalias bonitas?

¿Qué crees que va a pasar después? ¿Qué hará Kim? ¿Qué hará el vendedor?

Cuando dices lo que crees que va a pasar después estás haciendo una **predicción**. Una manera de hacer buenas predicciones es seguir algunos pasos.

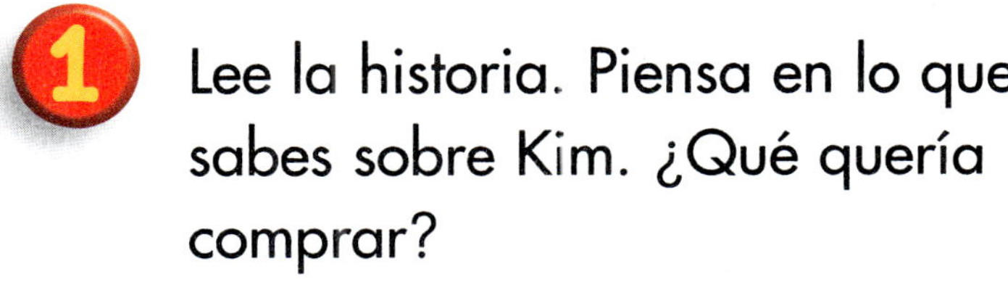

1 Lee la historia. Piensa en lo que sabes sobre Kim. ¿Qué quería comprar?

2 Busca pistas en la historia. ¿Qué es lo que el vendedor le dice?

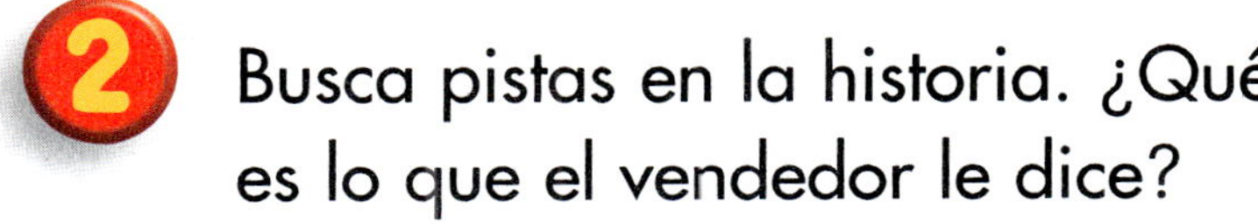

3 Piensa en lo que va a pasar después. Haz una predicción.

Piensa y practica

¿Qué pasaría si una fábrica de tenis no pudiera conseguir el caucho necesario para hacer los tenis? Haz una predicción.

Bienes hechos cerca y lejos

Los países de todo el mundo intercambian bienes. **Intercambiar** significa comprar y vender cosas. Estados Unidos vende algodón, ropa y alimentos a países como China y México. Nosotros compramos cámaras y máquinas de países como Japón y Alemania.

Los países usan diferentes tipos de **transporte** para mover los bienes. Los bienes viajan por tren, avión, barco y camión.

Mi clase ha hecho un catálogo de bienes que compramos a otros países. Estos bienes vienen de todo el mundo.

Mira el catálogo de nuestra clase. ¿Cuáles son los bienes que le compramos a México, Escocia y Japón?

En algunos países hay alimentos, metales o plantas especiales. ¿Quién podría querer tulipanes de Holanda?

A veces compramos recursos naturales de otros
países. Los trabajadores estadounidenses hacen
bienes con esos recursos. ¿Qué podrían hacer los
trabajadores con estos recursos naturales?

El chocolate se hace con granos de cacao que vienen de Ghana.

El caucho se obtiene de árboles de Malasia.

Gran parte de nuestra madera proviene de Canadá.

¿Qué sabes tú?

1. ¿Cómo llegan los bienes de otros países a Estados Unidos?

2. ¿Qué bienes de otros países puedes encontrar en tu comunidad?

Productores y consumidores, compradores y vendedores

En nuestra escuela recaudamos dinero para ayudar a una compañera que está enferma. Mandy necesita una computadora para aprender en casa. Todos pensamos en maneras de ganar dinero.

Nuestra clase hizo una venta de artesanías. Hicimos pinturas y vasijas de barro para vender. Yo vendí un cuadro de mi perro, que se llama Rojo, por 25 centavos. Nuestra maestra dijo que éramos productores. Los **productores** hacen o cultivan cosas para vender.

Invitamos a nuestras familias y amigos a la venta. Mi hermana compró dos plantas para su cuarto. Ella era una consumidora. Los **consumidores** compran y usan las cosas hechas por los productores.

Hoy la escuela le mandó una nueva computadora a Mandy. El dinero que ganamos ayudó a comprarla. La computadora le va a ayudar a Mandy a aprender en casa.

¿Qué sabes tú?

1. ¿Qué hacen los productores?
2. ¿Cuándo eres un consumidor?

El Pueblo de los niños

Cómo planearías un pueblo?

Imagínate que tú y los compañeros de tu grupo están construyendo una nueva comunidad.

- ¿Qué bienes necesitaría tu pueblo?
- ¿Qué servicios necesitaría?
- ¿Qué tipo de fábrica podría ayudarlo a crecer?
- ¿Qué trabajo escogerías?

Muestra tus ideas

Haz planes para mostrar tu nueva comunidad.

- Dibuja un mapa o haz un modelo del Pueblo de los niños.
- Ponte ropa especial o muestra las herramientas de los trabajos que hay en la comunidad.
- Imita a los consumidores que usan los bienes y los servicios de tu comunidad.
- Haz un dibujo de algo que hace tu fábrica.

Fábrica del Pueblo de los niños
Visera para un día soleado
estambre
cuentas
blandas
visera de
cartón
frase o
diseño
escuela
Lluvia de ideas

Cómo tomar decisiones inteligentes

Los **deseos** son bienes y servicios que les gustaría tener a las personas. Nadie puede comprar todo lo que desea. Todos tenemos que tomar decisiones. Lee para que veas como Jarrod piensa gastar su dinero.

Gano dinero lavando los carros de mis vecinos. También hago tareas extra en la casa como barrer las hojas de los árboles. El dinero que gano se llama **ingreso**.

Me gasto parte de mi ingreso. Guardo mi dinero en un banco hasta que lo quiero gastar. Mis abuelitos me dieron dinero como regalo de cumpleaños. Estoy ahorrando ese dinero para ir a la universidad. También lo guardo en el banco.

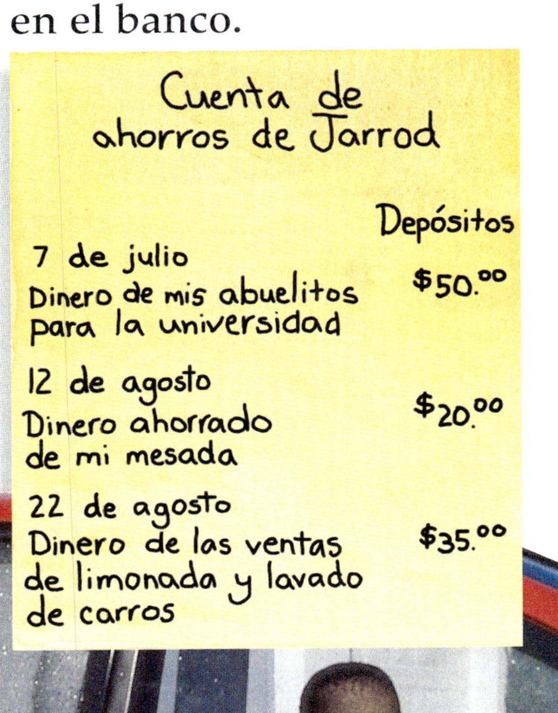

Cuando voy de compras, veo muchas cosas que quiero comprar. Tomo decisiones sobre cómo gastar mi dinero. Todavía no tengo suficiente dinero para comprar una bicicleta nueva. Si compro una pecera, tendré que comprar alimento para peces cada semana.

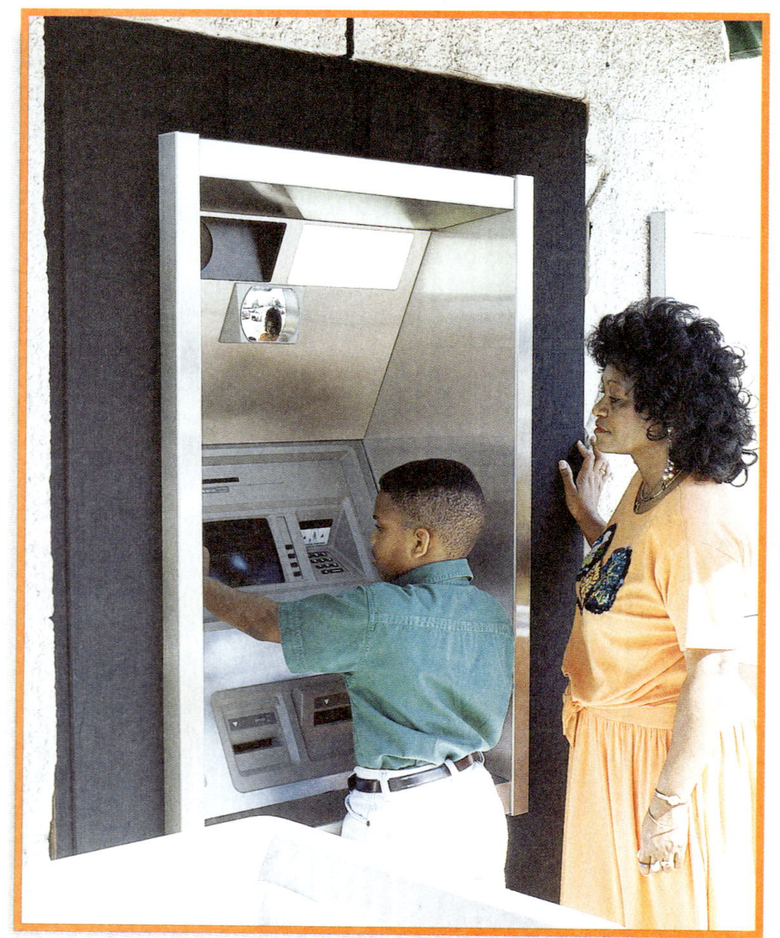

Decido comprar una pelota de fútbol. Me gusta jugar partidos con mis amigos. Después de comprar la pelota me sobrará dinero. Saco del banco el dinero que creo que voy a necesitar.

Mi mamá y yo buscamos en diferentes tiendas. Hay muchos tipos de pelotas. Unas cuestan más que otras. Escojo una que está en oferta. Le bajaron el precio para que gastemos nuestro dinero en esa tienda.

Muchas personas llegan a Bloomington, Minnesota por medio de cuatro autopistas importantes y un aeropuerto. Ahí está uno de los centros comerciales más grandes de Estados Unidos. Casi 12 mil personas trabajan en el Mall of America.

Baltimore, Maryland está en el Océano Atlántico. Los barcos traen bienes a su puerto. Ahí se abrió el centro comercial más antiguo del país en 1896. Hoy las personas todavía compran en Roland Park Marketplace.

Ahora creo que tomé una buena decisión. Me divierto jugando fútbol con mis amigos.

¿Qué sabes tú?

1. ¿Dónde puedes guardar el dinero que ahorras?
2. ¿En qué decides gastar tu dinero?

Seguir un diagrama

¿Te has preguntado alguna vez cómo se hace el dinero? Un **diagrama** es un dibujo que muestra las partes de algo o cómo se hace una cosa. Este diagrama muestra las partes de una moneda.

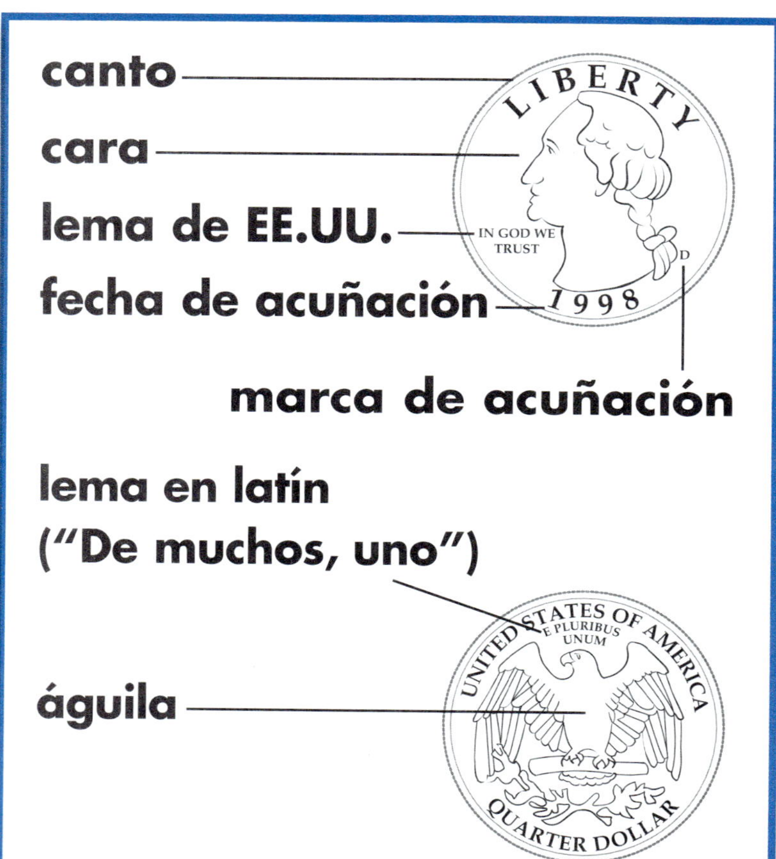

Mira unas monedas de un centavo, de cinco centavos y de diez centavos. ¿En qué se parecen a una moneda de veinticinco centavos? ¿En qué se diferencian?

Este diagrama muestra cómo se acuñan o se hacen las monedas.

1 Una máquina graba el diseño de cada lado en un sello de acero.

2 Una máquina corta barras de metal en forma de monedas.

3 Una prensa graba los diseños en los dos lados de las monedas.

4 Una máquina cuenta y mete las monedas en bolsas para llevarlas al banco.

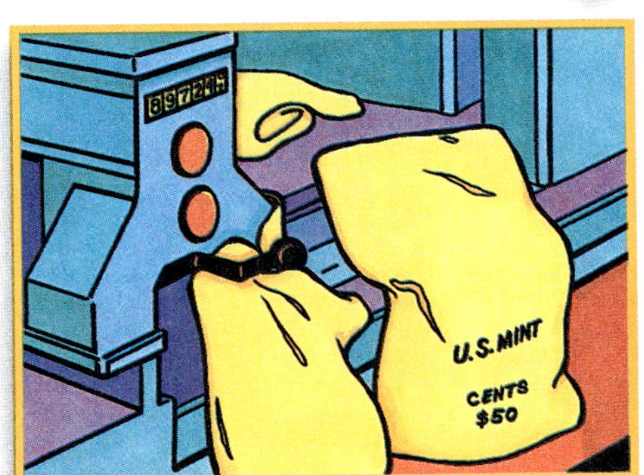

Piensa y practica

Diseña tu propia moneda o billete. Dibuja un diagrama para mostrar sus diferentes partes.

Los estudios sociales en vivo

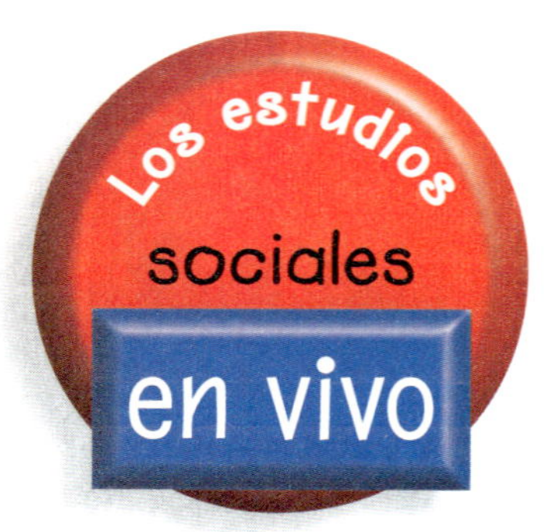

Biz Kid$

Una tienda de Orlando, Florida, es administrada completamente por niños. Se llama BIZ KID$. Todas las personas, desde la que te recibe hasta el cajero, son niños de quinto grado.

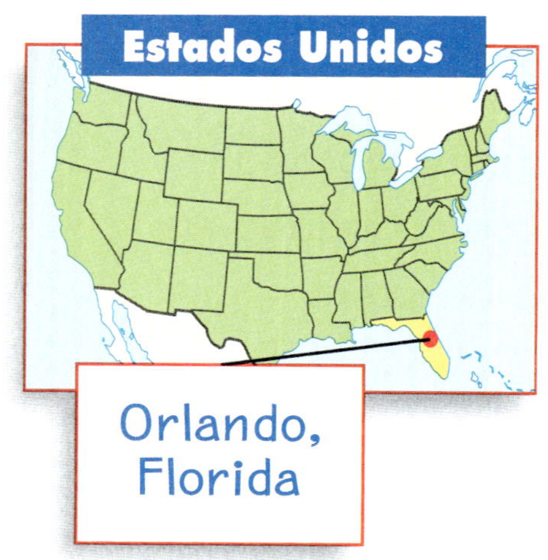

Trabajar en BIZ KID$ es parte de una clase de estudios sociales. Los estudiantes de quinto grado aprenden a manejar un negocio. Un **negocio** es un lugar que vende bienes o da servicios. En BIZ KID$, los estudiantes aprenden a recibir a las personas, a contar dinero, a vender bienes a los clientes, a usar una caja registradora y a llevarse bien con otros trabajadores.

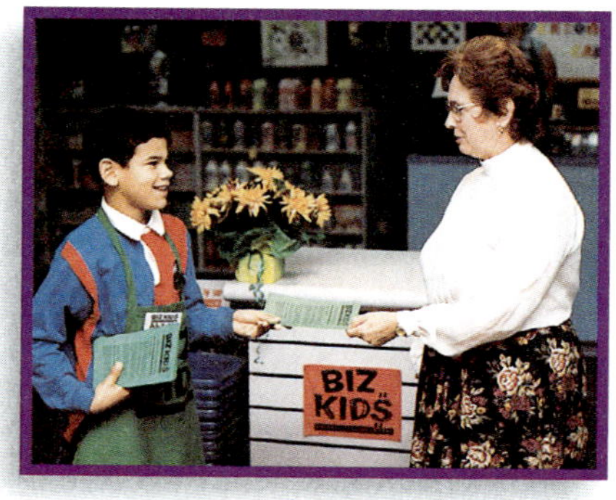

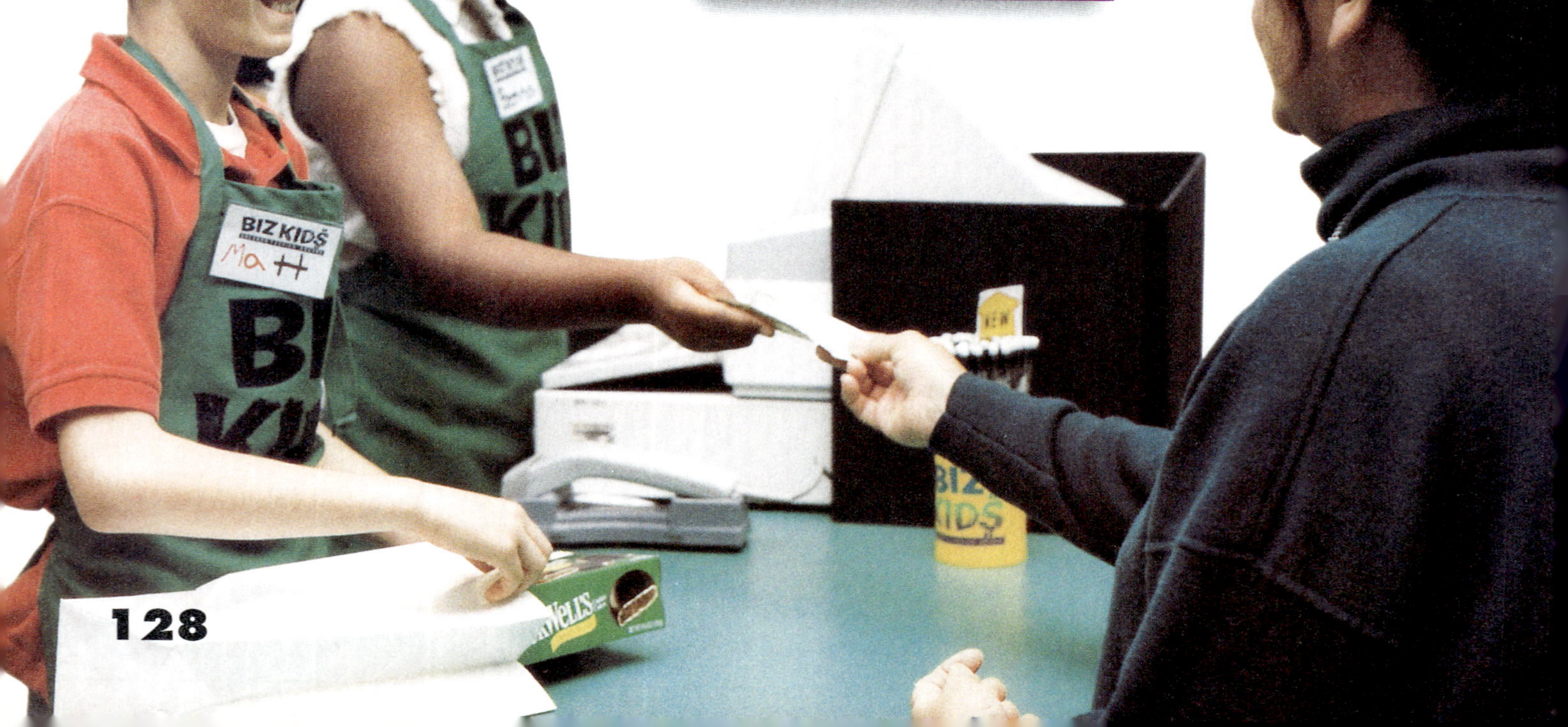

Los estudiantes dicen que trabajar en BIZ KID$ es divertido y que aprenden mucho sobre los negocios. Algunos de los bienes que venden los estudiantes de quinto grado son bocadillos, artículos de primeros auxilios y cosas que no hacen daño a la Tierra. Al final del año, los estudiantes deciden cómo gastar el dinero que ganaron.

¿Qué puedes hacer tú?

 Escribe una carta para aprender más sobre BIZ KID$.

 Empieza un negocio con tu clase y voten para decidir qué hacer con el dinero que ganen.

Resumen ilustrado

Mira los dibujos. Te ayudarán a recordar lo que aprendiste.

Habla sobre las ideas principales

1. Los trabajadores de servicios trabajan para que las personas de nuestras comunidades estén sanas y seguras.

2. Los trabajadores de las fábricas hacen muchas cosas que necesitamos.

3. Las personas intercambian bienes y dinero por las cosas que necesitan.

4. Los productores y los consumidores se necesitan unos a otros.

5. Las personas deciden cómo gastar su dinero.

Piensa y dibuja

Piensa en un trabajo que te gustaría hacer algún día. Haz un dibujo de las máquinas o herramientas que usarías.

ABIERTO

BANCO
DEPOSITOS $

DEPOSITOS $
CERRADO

UNIDAD 3
Repaso

¿Qué palabra va en cada cuadro?

consumidor   fábrica   transporte
productor   ingreso   impuestos

1 tren, barco, camión, avión

2 dinero que alguien gana

3 lugar donde se hacen cosas

4 agricultor, panadero, fabricante de colchas

5 comprador y usuario de productos

6 dinero que se paga a la comunidad

Comprueba lo que aprendiste

1 ¿Cómo ayudan los impuestos a la comunidad?

2 ¿Por qué son importantes las fábricas para las personas?

3 ¿Por qué intercambian bienes los países?

4 Nombra un producto que viene de otro país. Habla de cómo crees que puede llegar hasta aquí.

5 ¿Por qué los consumidores deben tomar decisiones al gastar su dinero?

Piensa críticamente

1 Habla de cómo un productor puede ser también un consumidor.

2 Haz una predicción de lo que pasaría si las personas no pagaran impuestos.

Usa una pictografía

<table>
<tr><td colspan="6">Servicios de la Ciudad Johnson</td></tr>
<tr><td>Biblioteca</td><td colspan="5">🏢 🏢 🏢</td></tr>
<tr><td>Estación de bomberos</td><td colspan="5">🏢 🏢 🏢 🏢</td></tr>
<tr><td>Estación de policía</td><td colspan="5">🏢 🏢 🏢</td></tr>
<tr><td>Escuela</td><td colspan="5">🏢 🏢 🏢 🏢 🏢</td></tr>
<tr><td>Hospital</td><td colspan="5">🏢 🏢</td></tr>
</table>

Leyenda

🏢 = 1 servicio

1. ¿Qué servicios ofrece la Ciudad Johnson?

2. ¿Cuántas bibliotecas hay?

3. ¿Hay más estaciones de bomberos o estaciones de policía? ¿Cuántas más?

Hazlo tú mismo

Investiga cuántas bibliotecas, escuelas, hospitales, estaciones de bomberos y estaciones de policía hay en tu comunidad. Haz una pictografía con tus resultados.

Aplica tus destrezas

Leer un diagrama

1. ¿Quién es la persona que aparece en el billete de cinco dólares?
2. ¿Cuántas veces está escrito el valor del billete?
3. ¿Dónde está el banco que emitió el billete?
4. ¿Cuál es el número de serie de este billete?

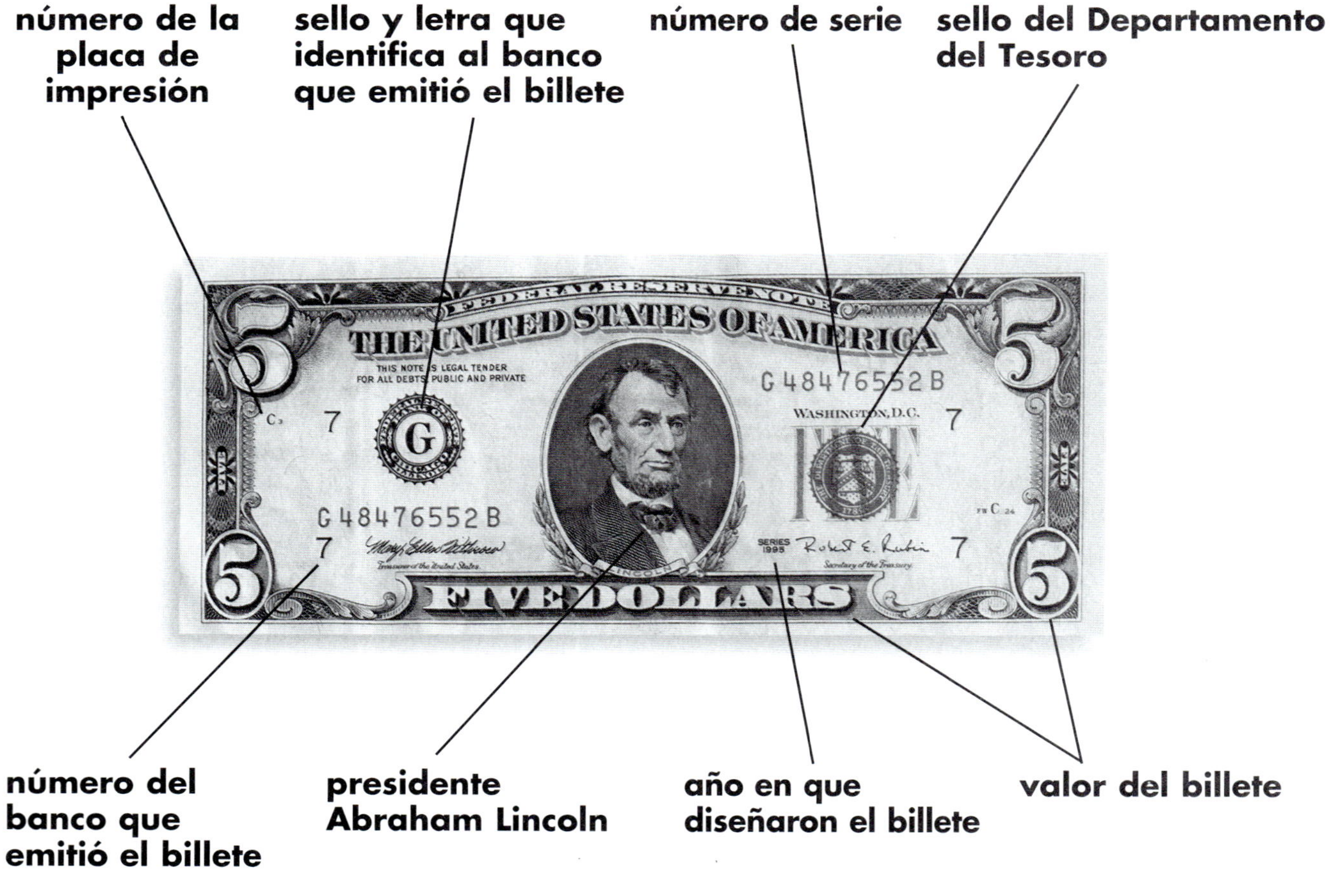

Haz un collage de los diferentes trabajos

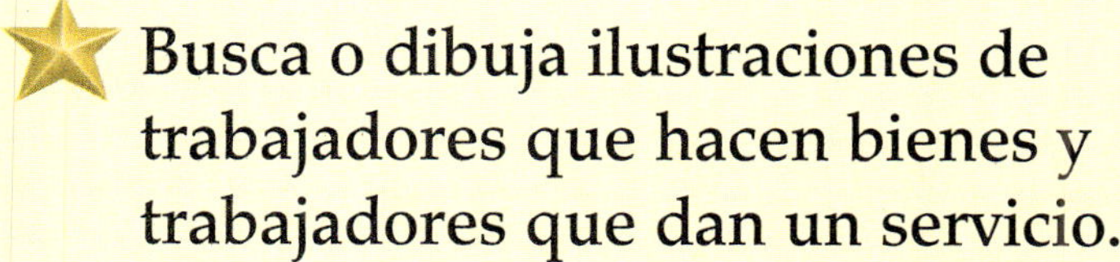

★ Busca o dibuja ilustraciones de trabajadores que hacen bienes y trabajadores que dan un servicio.

★ Busca o dibuja ilustraciones de las herramientas de los trabajadores o de la ropa especial que usan en sus trabajos.

★ Recorta y pega tus ilustraciones en hojas grandes de papel para carteles o en una cartulina.

★ Cuelga colages y habla sobre los trabajadores que hacen los bienes. Habla sobre los trabajadores que prestan un servicio.

Visita nuestra página en Internet en
http://www.hbschool.com
para recursos adicionales.

Lee más sobre el tema

<u>¡Música para todo el mundo!</u> de Vera B. Williams. Greenwillow. Rosa y sus amigos forman un grupo musical que toca en las fiestas. ¡Y lo mejor de todo es que les pagan!

<u>La tortillería</u> de Gary Paulsen. Harcourt Brace & Company. 1995. ¿Cuántas cosas tienen que pasar para que las ricas tortillas lleguen a nuestra mesa? ¿Cuántas personas tienen que trabajar? Con ilustraciones hermosísimas, este libro te cuenta todo.

UNIDAD

4

La gente hace la historia

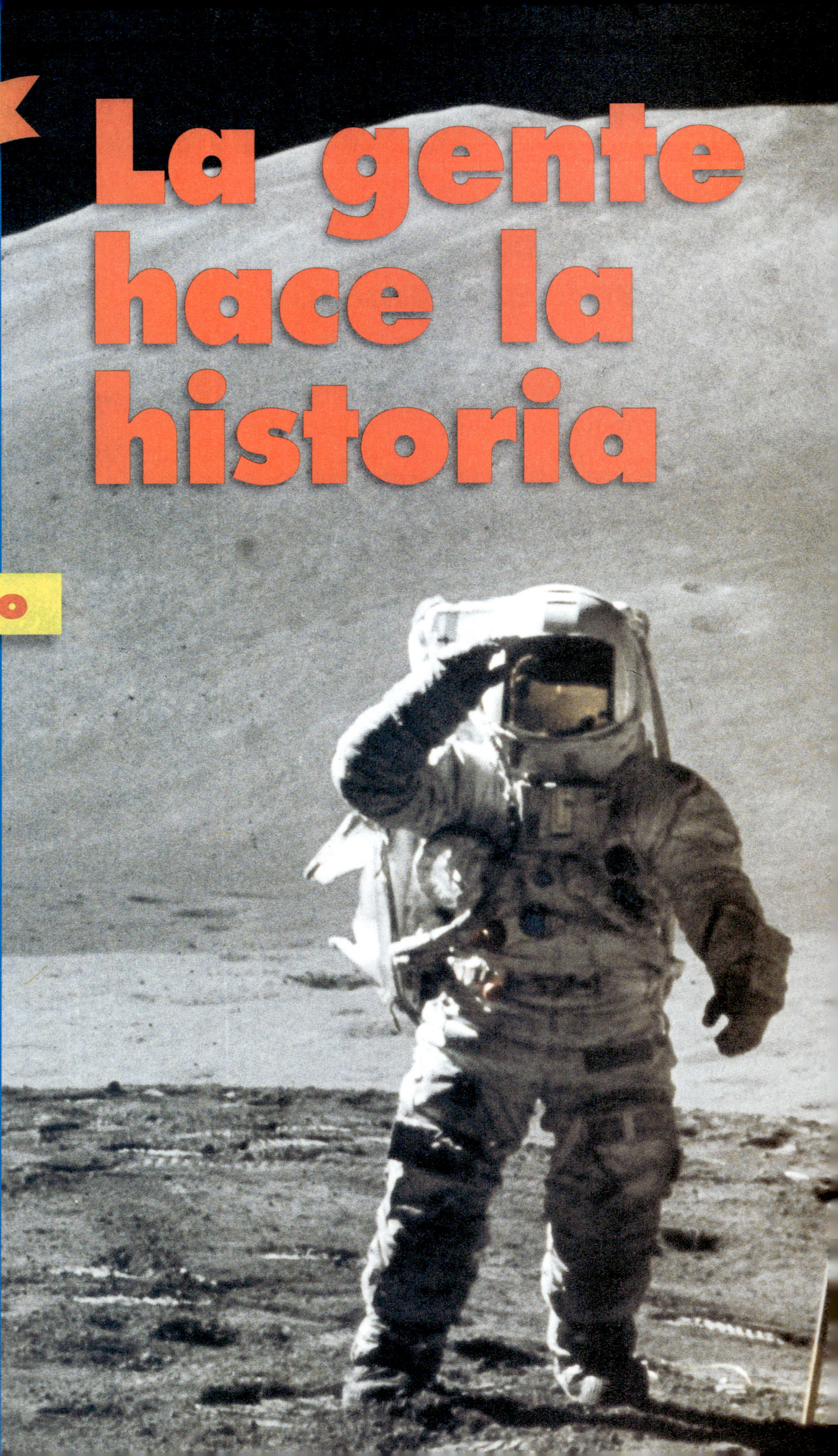

Vocabulario

historia
colonizador
monumento histórico
presidente
invento

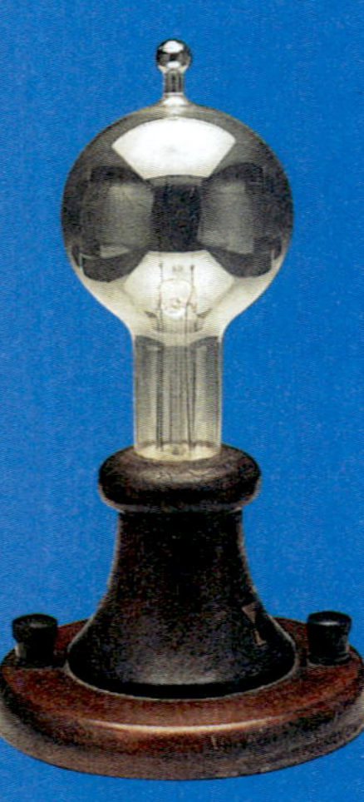

Presentación de la Unidad 4

historia

El relato de lo que ha pasado en un lugar.

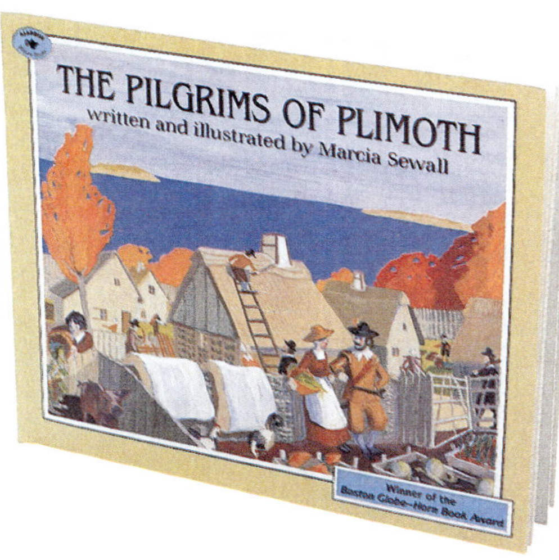

colonizador

Una persona que forma un hogar en un lugar nuevo.

monumento histórico

Algo conocido de un lugar.

presidente

El líder de Estados Unidos.

invento

Algo que se ha hecho por
primera vez.

Establece
el escenario
con la
Literatura

"Yo puedo"

por Mari Evans
ilustrado por
Melodye Rosales

¡Yo puedo

ser lo que quiero

yo puedo

hacer lo que

quiero

yo puedo

pensar

lo que quiero

grande o alto

o pequeño o bajo

ancho o

angosto

rápido o

despacio

porque PUEDO

y QUIERO!

Los indios de América del Norte

La **historia** consiste de los relatos que las personas cuentan del pasado. Algunas historias sucedieron hace muchos años. Otras pasaron hace más tiempo todavía.

La historia de los indios de América del Norte comenzó mucho antes de que Estados Unidos se convirtiera en un país. A estas personas las llamamos nativos porque fueron los primeros que vivieron en lo que ahora conocemos como Estados Unidos.

En la actualidad hay muchos grupos diferentes de indios en Estados Unidos. Cada grupo tiene su propia historia y su propia manera de vivir. Hace muchos años, también había muchos grupos de indios en América del Norte. La tabla de la página 143 muestra algunos de los grupos y la diferente ropa que usaban, sus alimentos y las viviendas que construían. Una **vivienda** es un lugar donde viven las personas.

Grupo indígena
Powhatan
Creek
Navajo
Chumash
Chinook
Alimentos
Viviendas
Ropa

"El primer Día de Acción de Gracias" de Jennie Brownscombe

Cuando los peregrinos se fueron de Europa a América, encontraron a los indios wampanoag viviendo allí. Los indios wampanoag se hicieron amigos de los peregrinos. Les enseñaron a cazar y pescar y sembrar plantas. Los wampanoag comían principalmente maíz. Usaban ropa hecha de pieles de animales y vivían en "wigwams" hechas de corteza de árboles.

Un indio que se llamaba Tisquantum, al que llamaban Squanto de apodo, ayudó a los peregrinos y a los wampanoag a hacerse amigos. Sin su ayuda, los peregrinos no hubieran podido sobrevivir su primer invierno. Les enseñó la manera en que vivían los indios. Squanto y otros indios se unieron a los peregrinos en una comida de Acción de Gracias para celebrar su primera cosecha.

144

Las personas aprenden la historia de diferentes maneras. Algunas leen historias escritas en los libros. Muchos indios de Estados Unidos aprenden de su pasado escuchando las historias que les cuentan. Aprenden de su pasado escuchando las historias que sus abuelitos les contaron a sus papás y que sus papás les cuentan a ellos.

¿Qué sabes tú?

1. ¿Qué grupo de indios ayudó a los peregrinos?

2. ¿Cómo las historias contadas ayudan a las personas a aprender del pasado?

Leer una línea cronológica

Una **línea cronológica** muestra el orden en el que pasaron las cosas. Esta línea cronológica muestra la historia de los peregrinos.

Los peregrinos viajan de Europa a Inglaterra

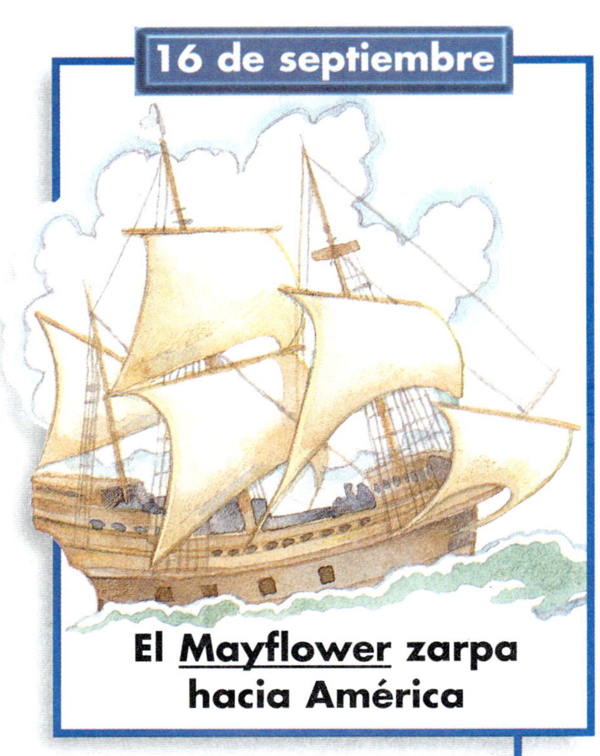

El Mayflower zarpa hacia América

julio	agosto	septiembre

 ¿Cuánto tiempo se muestra en la línea cronológica?

 ¿En qué mes zarpó el Mayflower hacia América?

146

3 En noviembre los peregrinos firmaron un pacto para gobernar las nuevas colonias. ¿Cómo se llamó el pacto?

Se firma el Pacto del Mayflower

Los peregrinos llegan a Plymouth

| octubre | noviembre | diciembre |

Piensa y practica

¿Cuánto tiempo viajaron los peregrinos en el <u>Mayflower</u>?

Recordamos el pasado

A medida que pasaba el tiempo, los indios vieron cómo nuevas comunidades crecían en América del Norte. Compara la vida diaria de una comunidad de esos tiempos con la manera en que vives hoy.

Hace muchos años las personas de otros países venían a vivir en América del Norte. Estos primeros **colonizadores** construían sus propias casas y sembraban sus propios alimentos. Quemaban leña para cocinar sus alimentos y calentar sus casas. Las familias secaban, ahumaban y salaban algunos alimentos para almacenarlos en invierno. ¿Cómo almacena tu familia los alimentos?

Cultivo de alimentos

Almacenamiento de alimentos para el invierno

¡Hacer ropa era más trabajoso antes! Los primeros estadounidenses trasquilaban los borregos para quitarles la lana. Hilaban la lana. Luego tejían el hilo en un telar para hacer la tela y después la ropa. ¿Cómo obtiene tu familia la ropa que necesitas?

Trasquilado de los borregos para obtener la lana

Hilado de la lana

Tejido de tela

La mayoría de los pueblos imprimían un periódico. El periódico era un medio para que las personas aprendieran sobre su comunidad y el mundo. ¿Cómo les llegan hoy las noticias a las personas?

Los primeros colonizadores norteamericanos disfrutaban
algunas de las actividades que nosotros practicamos. Jugaban
con sus amigos. Las familias pasaban tiempo juntas.

¿Qué sabes tú?

1. ¿Cómo preparaban los alimentos para almacenarlos durante el invierno los primeros colonizadores?

2. ¿Podían hacer los primeros colonizadores lo que a ti te gusta hacer? ¿Por qué sí o por qué no?

Leer un mapa histórico

Los mapas pueden mostrar donde estaban los lugares que existieron hace mucho tiempo. Los primeros colonizadores ingleses que llegaron a América del Norte construyeron sus colonias a lo largo del Océano Atlántico. Una **colonia** es un lugar gobernado por otro país.

1 ¿Qué año muestra este mapa?

2 ¿Cuántas colonias inglesas había ahí?

3 ¿En qué colonia estaba Jamestown?
¿En qué colonia estaba Plymouth?

4 ¿Qué colonia estaba más al sur?

Piensa y practica

- Escribe los nombres de estas ciudades en una hoja de papel: Baltimore, Boston, Charles Town, Philadelphia, Williamsburg.

- Investiga en qué colonia comenzó cada ciudad. Escribe el nombre de la colonia junto al nombre de la ciudad.

Destrezas
Las colonias, 1773
(parte de Massachusetts)
NEW HAMPSHIRE
MASSACHUSETTS
Plymouth
NEW YORK
RHODE ISLAND
CONNECTICUT
Lago Hurón
Lago Ontario
Lago Erie
PENNSYLVANIA
NEW JERSEY
MARYLAND
DELAWARE
VIRGINIA
Jamestown
NORTH CAROLINA
Norte
Oeste
Este
Sur
SOUTH CAROLINA
OCÉANO ATLÁNTICO
GEORGIA

Las comunidades crecen y cambian

San Diego es una ciudad muy antigua de California. Acompaña a Miguel mientras aprende cómo ha crecido y cambiado la ciudad.

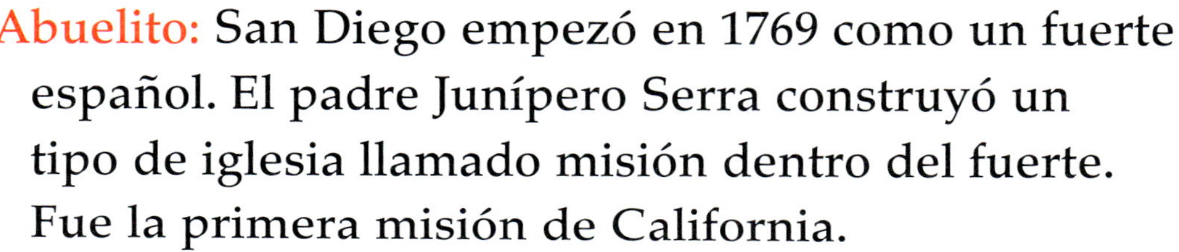

Miguel: ¿Qué edad tiene nuestra ciudad, abuelito?

Abuelito: San Diego empezó en 1769 como un fuerte español. El padre Junípero Serra construyó un tipo de iglesia llamado misión dentro del fuerte. Fue la primera misión de California.

Luego, los colonizadores españoles y mexicanos vinieron a vivir a las faldas del cerro bajo el fuerte. Todavía se puede visitar esa zona. Se llama "Centro Histórico" (Old Town Historic Park).

154

Miguel: Es divertido caminar por el Centro Histórico. También me gusta caminar junto al agua. Puedo ver muchos tipos de barcos que entran y salen del puerto.

Abuelito: La bahía de San Diego ha sido importante para nuestra ciudad. Al principio, los barcos llevaban y traían bienes a California. Luego, la pesca del atún trajo fábricas de enlatados a San Diego. Hoy, muchas personas trabajan en la base naval.

San Diego es una ciudad que tiene como vecino a otro país. Al sur de San Diego, California, está México. Muchos de los españoles que se establecieron en California hace muchos años vinieron de México.

Miguel: ¿Por qué tantas personas visitan San Diego?

Abuelito: San Diego es un lugar bonito para ir de vacaciones todo el año. Hay muchos parques en la ciudad. El Parque Balboa tiene un zoológico famoso en todo el mundo, museos y jardines muy coloridos.

Centro de Convenciones

Los habitantes de San Diego también construyeron un Centro de Convenciones grande. Grupos de personas de todo el país vienen a reunirse allí. A todos nos gusta ir a una ciudad con lugares interesantes para visitar, un buen clima y playas hermosas.

Arte mural del Museo Mexicano

Miguel: ¿Cuál es tu lugar favorito, abuelito?

Abuelito: Mi monumento histórico favorito es el faro viejo de Point Loma. Un **monumento histórico** es algo que las personas identifican fácilmente y que saben que es parte de la comunidad. El faro está cerca del Monumento Nacional Cabrillo, junto a la bahía de San Diego. Los dos monumentos históricos nos recuerdan a Juan Rodríguez Cabrillo que llegó a la bahía en 1542. Esto ocurrió más de 200 años antes de que se construyera la primera misión.

Miguel: Me gusta mirar desde Point Loma para ver nuestra hermosa ciudad. ¡Y pensar cuánto ha cambiado!

¿Qué sabes tú?

1. ¿De qué país eran las personas que construyeron el primer fuerte y la primera misión de San Diego?

2. ¿Cuáles son algunos de los monumentos históricos de tu comunidad?

Encontrar causas y efectos

Los cambios ocurren por diferentes razones. Lo que hace que algo pase es una **causa**. Lo que pasa es un **efecto**.

1 Mira la primera foto. Así era San Diego hace muchos años. ¿Cómo era la comunidad?

2 ¿Por qué crees que se construyó un ferrocarril a San Diego?

3 En la foto de abajo se ve San Diego unos años después. ¿Por qué crees que creció la comunidad?

Piensa y practica

¿Qué cambios crees que verías hoy en San Diego? ¿Por qué?

Las personas dan ejemplo

Washington, D.C., es la capital de nuestra nación. Una **capital** es una ciudad donde se reúnen y trabajan los líderes del gobierno. Acompáñanos mientras recorremos esta ciudad tan especial en la historia de nuestro país.

Ésta es la Casa Blanca donde vive el presidente. El **presidente** es el líder de Estados Unidos. Muchos presidentes han vivido en la Casa Blanca desde que se construyó en 1800. Este edificio ha cambiado muchas veces. Nuestro país también ha cambiado.

La Casa Blanca

El Capitolio

Éste es el Capitolio donde trabajan los legisladores. Los **legisladores** son los líderes que escriben las leyes de nuestro país. El Capitolio ha tenido tres cúpulas diferentes. La cúpula es un símbolo de la grandeza de nuestro país.

El Congreso

El **Congreso** es el grupo de legisladores que trabajan en el Capitolio. Ellos son algunos de los líderes que ayudan a nuestro país a crecer y cambiar. Planean cómo hacer que nuestro país siga siendo fuerte.

Esta parte de la ciudad se llama West Mall, pero no es para ir de compras. Las personas vienen aquí a ver los monumentos. Los **monumentos** son lugares o edificios construidos en honor a alguien. Los monumentos a Washington, Lincoln y Jefferson honran a tres grandes presidentes. Cada uno de ellos contribuyó a dirigir nuestro país en tiempos difíciles.

Las personas también visitan el Cementerio nacional de Arlington y el Monumento a los veteranos de Vietnam. Estos lugares honran a los hombres y las mujeres que murieron por nuestro país. Hay muchos lugares especiales en la capital de nuestro país.

Cementerio nacional de Arlington

Monumento de los Veteranos de Vietnam

¿Qué sabes tú?

1. ¿Dónde vive el presidente de Estados Unidos?

2. ¿Cómo honramos a los grandes líderes de nuestro país?

Usar un mapa cuadriculado

Las personas que visitan Washington, D.C., usan mapas para ayudarse a encontrar la ruta a los lugares que quieren visitar. Una **ruta** es una manera de llegar de un lugar a otro. Para ayudarte a encontrar lugares, este mapa tiene un conjunto de cuadros llamado **cuadrícula** . Cada cuadro de la cuadrícula tiene un número y una letra.

El espejo de agua

1 Busca el Monumento de Lincoln. Está en el cuadro B-1. ¿En qué cuadro está el Monumento de Washington?

2 ¿En qué cuadro está el Monumento de los veteranos de Vietnam?

3 ¿Qué hay en el cuadro E-5?

4 ¿En qué cuadro está el Espejo de agua?

Washington, D.C.

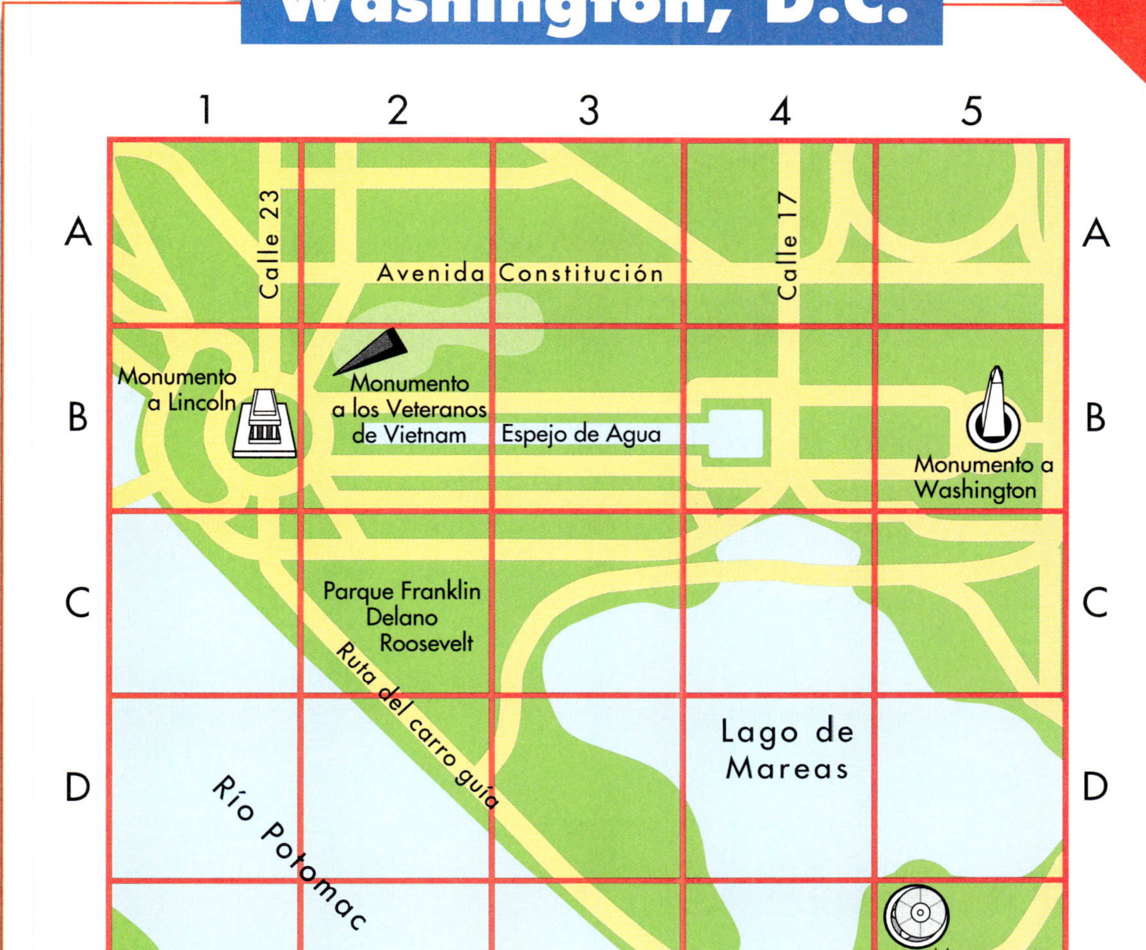

Piensa y practica

Sigue una ruta. Pon tu dedo en el cuadro E-5. Viaja hacia arriba hasta el C-5. Ve a la izquierda hasta C-2. ¿Qué parque está en el centro del cuadro?

Pistas sobre la historia

¿Qué te dicen las ilustraciones de la historia?

Trabaja en equipo.

Haz una lista de las pistas que ves.

- ¿Qué detalles de cada ilustración te dan pistas sobre la historia?
- ¿Qué otras cosas pueden darte pistas sobre la historia?

Muestra tus ideas

Piensa en una manera de expresar tus ideas a la clase.

- Inventa una historia sobre lo que significa una de las pistas.
- Representa un drama para resolver un misterio de la historia.
- Haz un dibujo sobre otra pista de la historia.

Lluvia de ideas

HENRY MORGENTHAU JR
SECRETARY OF THE TREASURY
JAMES A FARLEY
POSTMASTER GENERAL
LOUIS A SIMON
SUPERVISING ARCHITECT
GEORGE O VON NERTA
SUPERVISING ENGINEER
1934

JOHN
WOOD
MASSACHUSETTS
CPL
CONTINENTAL LINE
REVOLUTIONARY WAR
1753 1830

Retratos de norteamericanos

Un retrato es una pintura o una historia interesante acerca de una persona. **Nuestro país tiene muchas personas de quien sentirse orgulloso. Algunas son muy conocidas. Otras no. Mira y lee los retratos de siete personas que construyeron nuestra historia.**

Thomas Edison

Algunas personas cambiaron nuestras vidas con sus nuevas ideas. Cuando prendas la luz, acuérdate de Thomas Edison. Él inventó el foco eléctrico. Un **invento** es un nuevo tipo de máquina o una nueva manera de hacer algo. Edison también inventó el fonógrafo. Este invento condujo a la invención del tocadiscos, y luego al de los estéreos y los tocadiscos compactos de hoy.

Dr. Charles Drew

Como ya sabes, puedes guardar tu dinero en un banco. ¿Pero sabías que la sangre se puede guardar en otro tipo de banco? Cuando Charles Drew estudiaba para ser médico, aprendió mucho sobre la sangre. Descubrió una manera de guardar la sangre para poder usarla después. Ahora, cuando las personas se lastiman y pierden sangre, se puede usar la sangre guardada para ayudarles a sanar.

El invento del Dr. Drew salvó la vida de muchos soldados durante una guerra terrible. Después él dirigió el Banco de Sangre de la Cruz Roja. Su trabajo sigue salvando vidas.

Susan B. Anthony

Algunas personas se quejan cuando las leyes no son justas. Susan B. Anthony se quejó. Ella era una maestra que dijo que las leyes de nuestro país debían ser iguales para todos. En esa época sólo los hombres podían votar. Su trabajo ayudó a cambiar las leyes para que las mujeres también pudieran votar. Susan B. Anthony fue la primera mujer cuyo retrato apareció en las monedas de Estados Unidos. Su retrato está en el dólar de plata.

Dr. Martin Luther King, Jr.

El Dr. Martin Luther King, Jr. también luchó por un trato justo para todos los estadounidenses. Honramos su gran labor con un día festivo para celebrar su natalicio.

El Dr. King era un ministro. Él creía que las personas no debían ser tratadas de manera diferente por el color de su piel. El Dr. King era un gran orador. Muchas personas siguieron su mensaje de cambio pacífico. Más tarde se asombraron y entristecieron al saber de su asesinato. Hoy, todavía se recuerdan sus palabras.

Sequoyah

Hace muchos años, un indio cheroqui llamado Sequoyah quiso ayudar a su pueblo a aprender a leer y escribir. Pero su pueblo no tenía alfabeto. Así que él inventó uno.

Para mostrar que su alfabeto sí servía, Sequoyah escribió unas palabras que un extraño le dijo al oído. Luego le dio el papel a su hija Ahyoka y ella leyó las palabras. Los cheroquis estaban asombrados con las "hojas que hablaban". El alfabeto de Sequoyah se usó para escribir un periódico para su pueblo. Su gran invento ayudó a los cheroquis a aprender muchas cosas nuevas.

Historia

Hace muchos, muchos años, unas personas que vivían muy lejos dibujaron unas marcas en arcilla y piedra. Otras hicieron dibujos en un tipo de papel llamado papiro. Más tarde, un grupo de personas llamados fenicios inventaron un alfabeto como el que usamos hoy. Cuando viajaban a otros lugares para intercambiar cosas, enseñaban a escribir a las personas que conocían.

Arthur Dorros

Algunas personas cambian nuestras vidas porque nos hacen disfrutar su música, su arte o sus historias. Tal vez hayas leído los libros <u>This Is My House</u>, <u>Abuela</u>, <u>Radio Man</u> o <u>Isla</u>. Estos libros los escribió Arthur Dorros, que también es un artista. Él escribe y dibuja para expresar lo que siente sobre las personas y los lugares.

A Arthur Dorros le gusta visitar salones de clases y ayudar a los niños a encontrar su propia historia. Él dice que todos tenemos una historia que contar. Cree que cuando cuentas historias acerca del mundo, puedes llegar a conocerlo mejor y aprender más sobre ti mismo.

Kristi Yamaguchi

Algunas personas hacen cosas que a nosotros nos gustaría hacer. En 1992, Kristi Yamaguchi ganó una medalla olímpica de oro en patinaje sobre hielo.

Cuando era muy joven, Kristi tenía que usar zapatos especiales para corregir un problema de sus pies. A les cinco años pudo comenzar a patinar. Cuando tenía ocho, Kristi fue a su primera competencia de patinaje. Doce años después, ¡era la mejor patinadora de todo el mundo!

Igual que la persona del poema "¡Yo puedo!", Kristi Yamaguchi cree que los niños pueden hacer o ser lo que quieran. Sólo necesitan tener un sueño y trabajar duro.

¿Qué sabes tú?

1. Nombra a alguien que haya cambiado la vida de las personas. ¿Qué hizo para cambiar nuestras vidas?

2. ¿Qué retrato añadirías a esta lista de estadounidenses de los que debemos estar orgullosos?

Desempeña un papel en la historia

El museo de historia en Fort Wilkins, Michigan, es un buen lugar para aprender acerca del pasado. Niños desde los seis hasta los dieciséis años ayudan en el museo. Se les llama Historiadores del futuro. Los Historiadores del futuro se disfrazan y actúan como personas que vivían en Fort Wilkins hace más de cien años. Para lograr esto, ellos deben aprender cómo era la vida en ese tiempo.

Por tres días en el verano, los Historiadores del futuro van a un campamento. En ese lugar, ellos aprenden acerca de personas que vivían en Fort Wilkins alrededor de 1870. A los niños se les da el nombre de las verdaderas personas que representarán.

174

En archivos y cartas antiguas encuentran pistas sobre estas personas. Ropas antiguas, fotos y herramientas sirven aún más.

Los niños y las niñas se divierten en el campamento. Ellos se prueban el tipo de ropa que se usaba en 1870. Juegan juegos que los niños jugaban en el pasado. Y también representan la manera en que solía ser la escuela.

Los niños están tristes cuando termina el campamento. Pero están felices de que ahora pueden ayudar en el museo. Ellos están listos para desempeñar su papel y contestar las preguntas de la gente acerca de la historia de Fort Wilkins.

¿Qué puedes hacer tú?

 Averigua cómo era tu ciudad, pueblo o área hace como cien años.

 Dramatiza o planea una exhibición para compartir la historia de tu comunidad.

Resumen ilustrado

Sigue los dibujos. Te ayudarán a recordar lo que aprendiste.

Habla sobre las ideas principales

1. Los indios de América del Norte fueron los primeros pobladores de nuestro país.

2. Los colonizadores de otros países construyeron sus nuevos hogares en Estados Unidos.

3. Líderes importantes hicieron la historia de nuestro país.

4. Las comunidades crecen y cambian.

5. Muchos tipos diferentes de personas ayudaron a hacer de Estados Unidos un gran país.

Escribe sobre un héroe Escoge a alguien a quien admiras. Puede ser alguien de quien has leído algo o alguien que conoces. Escribe lo que esa persona ha hecho. Habla de lo que puedes aprender de tu héroe.

Usa el vocabulario

**colonizador
invento
Presidente
monumento
históricos**

¿Qué palabra va en cada oración?

1. Una manera de aprender sobre el pasado es leyendo libros __________.

2. Puedes leer sobre el __________ Abraham Lincoln.

3. Puedes aprender sobre el foco, un __________ de Thomas Edison.

4. La vida de un __________ americano era difícil.

5. El faro de San Diego es un __________.

Comprueba lo que aprendiste

1. ¿De qué manera era diferente la vida de los colonizadores de la tuya?

2. ¿Qué puede hacer cambiar una comunidad?

3. ¿Quiénes escriben las leyes de nuestro país y en dónde trabajan?

4. Nombra un invento y explica por qué cambió las vidas de las personas.

Piensa críticamente

1. ¿Qué es la historia y por qué la estudiamos?

2. ¿Por qué son importantes los monumentos históricos para las personas de una comunidad?

Usa un mapa cuadriculado

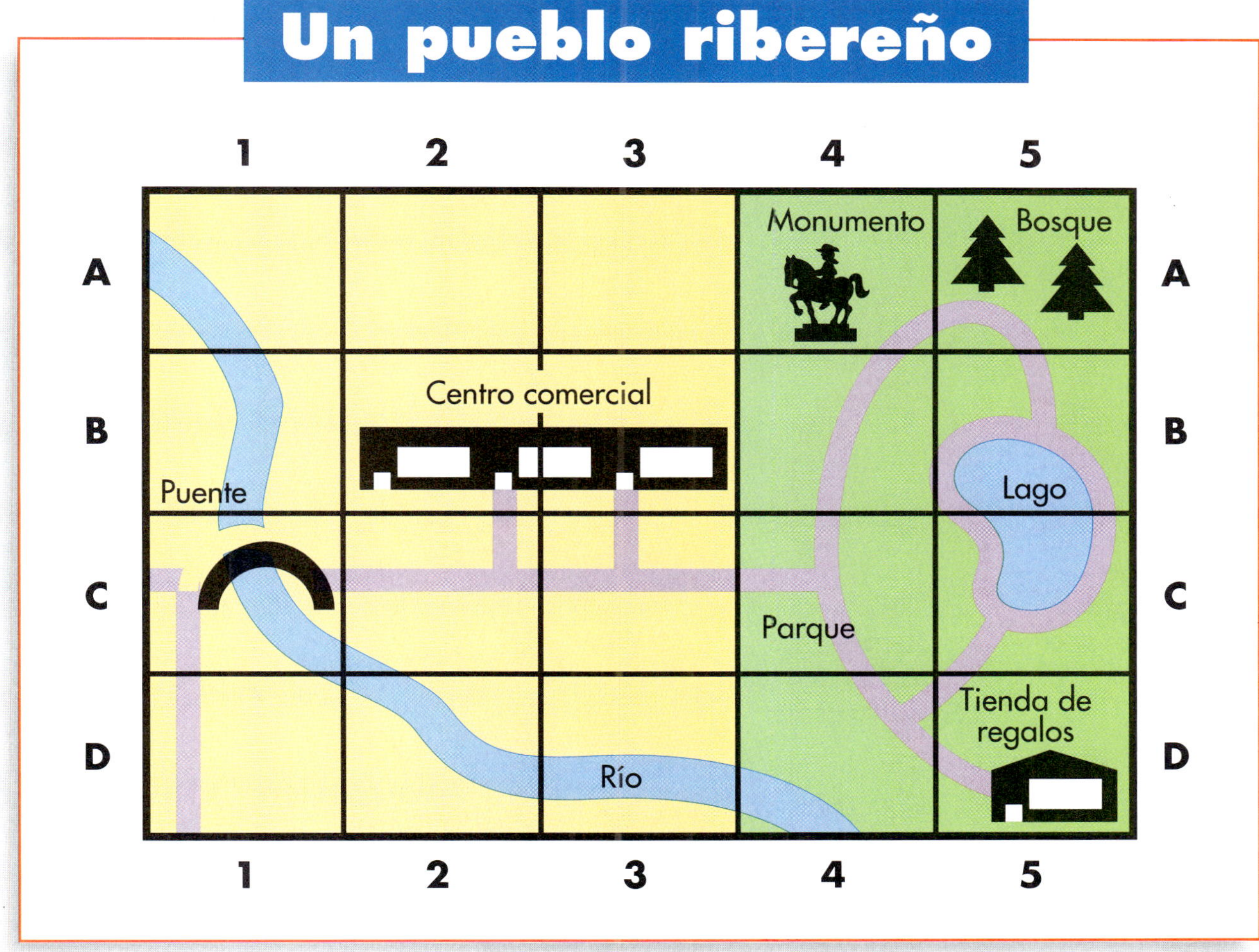

1. ¿Qué edificio está en el cuadro D-5?

2. ¿En qué cuadro está el monumento?

3. ¿Cuántos cuadros hay entre el parque y el puente?

Leer una línea cronológica

La línea cronológica de abajo muestra las fechas de nacimiento de los primeros cinco presidentes de Estados Unidos.

1. ¿Cuánto tiempo se muestra en la línea cronológica?

2. ¿En qué mes nació George Washington?

3. ¿Cuáles dos presidentes nacieron en el mismo mes?

4. Abraham Lincoln nació el 12 de febrero de 1809. ¿Dónde pondrías su fecha de nacimiento?

Hazlo tú mismo

Haz una línea cronológica con los cumpleaños de los miembros de tu familia.

Haz una serie de tarjetas para intercambiar personajes de la historia

 Haz una lista con tu clase de los personajes de la historia que han cambiado nuestras vidas.

 Escoge un nombre de la lista. Busca información sobre esa persona.

 Pega una foto de la persona que escogiste en una tarjeta. En la parte de atrás escribe cuándo y dónde nació la persona. Habla de lo que la persona hizo.

 Intercambia tarjetas con tus compañeros de clase.

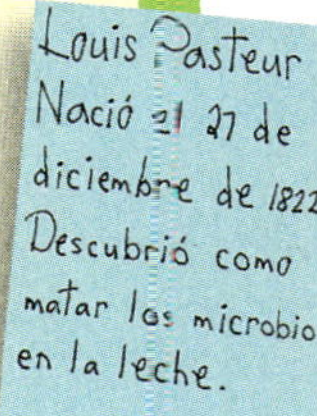

Visita nuestra página en Internet en
http://www.hbschool.com
para recursos adicionales.

Lee más sobre el tema

<u>Feliz cumpleaños, Martin Luther King</u> de Jean Marzollo. Scholastic. 1993

El pastor King nos dió un gran ejemplo. Por eso, todos los años, celebramos un día en su honor. Este libro te habla de su lucha por un trato justo para todos.

<u>La casita de Virginia Lee Burton</u>. Sitesa. 1994.

"Había una vez una casita…" Así comienza este libro. Poco a poco alrededor de la casita todo crece. ¿Qué pasará?

UNIDAD
5
Cómo ser buenos ciudadanos
Vocabulario
voto
gobierno
juez
alcalde
libertad
We the People
Article 1
182

voto

Una elección que se cuenta.

gobierno

Un grupo de personas que escriben las
leyes de una comunidad o de un país.

juez

Alguien que trabaja como
líder en una corte.

alcalde

El líder de una ciudad o de
un pueblo.

libertad

El derecho de las personas
para tomar sus propias
decisiones.

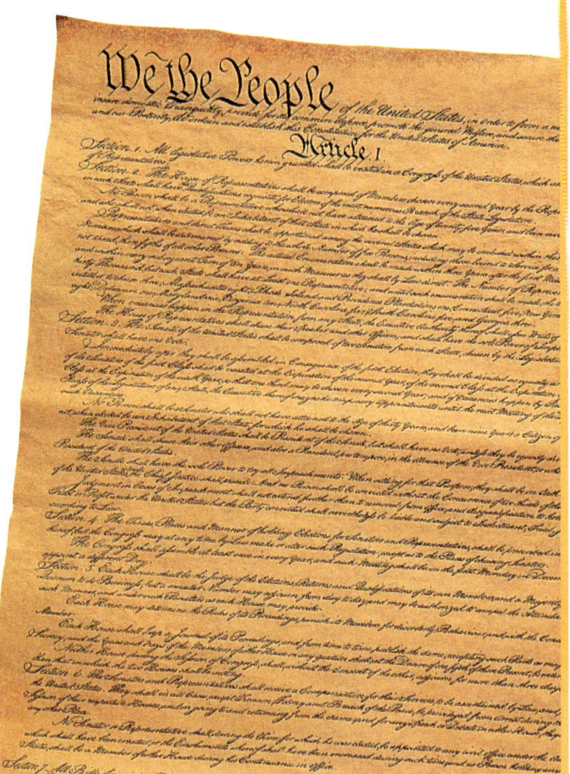

Establece
el escenario
con la
Música

Estados Unidos de América

escrito por Samuel F. Smith
ilustrado por Byron Gin

Mi país amado,
tierra dulce de la libertad,
es a ti a quien canto;

tierra en la que murieron mis padres,
orgullo de los peregrinos,
espero que en todas partes
siempre exista la libertad.

Tú eres mi país natal,
tierra de la libertad,
amo mi nacionalidad;
amo tus piedras y riachuelos,
tus bosques y hermosas colinas;
mi corazón late con vigor,
como el de tu interior.

Estadounidenses orgullosos

El Cuatro de Julio los estadounidenses cantamos "Estados Unidos de América". Este día es el cumpleaños de nuestro país. Nuestra comunidad celebra este **día festivo** con un desfile. ¿Sabías que Estados Unidos tiene más de 200 años?

También nos gusta honrar nuestro país durante el año escolar. Decoramos nuestro salón con globos. Colgamos una bandera con el lema de nuestro país que dice "En Dios confiamos". Un **lema** es un dicho que expresa una idea que las personas tratan de seguir.

E Pluribus Unum es un lema que está grabado en nuestra moneda. Las palabras en latín significan "De muchos, uno". Somos un país formado por muchas personas diferentes.

Nuestro país tiene muchos símbolos. Mi clase está haciendo un tablero de anuncios. Vamos a poner ilustraciones de los símbolos de nuestro país, como la Estatua de la libertad, la Casa blanca y el águila de cabeza blanca. Un líder famoso llamado Benjamin Franklin quería que el pavo fuera el símbolo de Estados Unidos. Nuestros legisladores escogieron mejor el águila.

La clase de la Srta. Carroll va a representar una obra de teatro. Los niños se van a vestir como personajes de la historia de Estados Unidos. Ellos nos hablan de otros símbolos del país.

Yo soy Betsy Ross.

Yo cosí la primera bandera de Estados Unidos. Nuestra bandera es roja, blanca y azul. Cada estrella representa un estado del país. Las rayas representan los primeros 13 estados.

Yo soy Francis Scott Key.

Yo escribí el himno de nuestro país. Un himno es una canción en honor a algo. El himno de Estados Unidos habla de su bandera. Se llama "The Star-Spangled Banner".

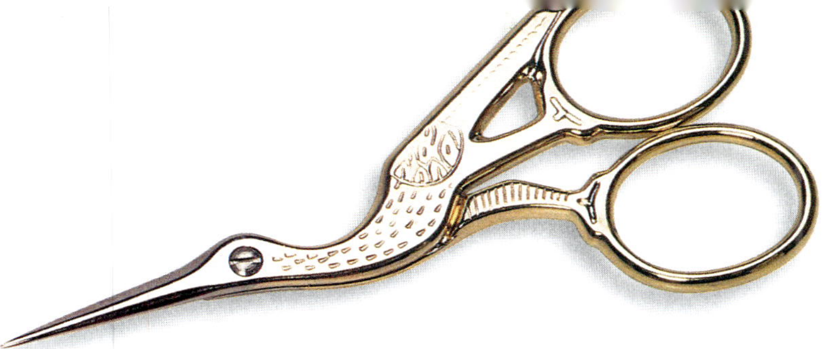

Yo soy Thomas Jefferson.

En 1776 escribí la Declaración de la Independencia que ayudó a fundar Estados Unidos. Las personas mostraron su amor por el nuevo país tocando la Campana de la Libertad cada Cuatro de Julio. En 1835 la Campana de la Libertad se partió.

Mi nombre es George Washington.

Yo fui el primer presidente de Estados Unidos. Puedes ver mi retrato y el Gran Sello de Estados Unidos en un billete de un dólar. El Gran Sello aparece también en papeles importantes.

¿Qué sabes tú?

1. ¿Cuál es el lema de nuestro país?
2. ¿Cómo demuestras orgullo por tu país?

Elegir por medio del voto

En nuestro país, los líderes como George Washington y Thomas Jefferson se eligen en unas **elecciones**. Ahora vamos a explicar cómo funcionan las elecciones.

Hoy es día de elecciones en la escuela primaria Lincoln. Cada clase va a elegir a un representante para una junta estudiantil especial. En las elecciones, las personas **votan** para elegir a una persona que haga algo por ellas.

Cuando las personas votan, piensan en quién hará mejor el trabajo. ¿A quiénes pueden elegir estos niños?

Una manera de votar es marcar un papel llamado boleta electoral. Cada persona puede votar sólo una vez. ¿Cómo indica la niña su elección? ¿Por qué marca el nombre de una persona nada más?

3

¿Cómo deciden los
niños quién ha ganado?

4

Todos los votantes están
de acuerdo en aceptar
al ganador.

Piensa y practica

Haz una lista de tus razones para votar
por alguien en una elección.

El gobierno de nuestro país

Mi clase está aprendiendo sobre las personas que escriben las leyes y dirigen nuestro país. Este grupo de personas es nuestro **gobierno**.

La Constitución es la ley máxima de nuestro país. Protege a todas las personas de Estados Unidos. La Constitución habla de las tres ramas o partes de nuestro gobierno. Cada rama tiene su propia función. Estamos haciendo un móvil que muestra las tres ramas de nuestro gobierno.

La oficina del Presidente es una rama de nuestro gobierno. El Presidente dirige nuestro país. El Presidente escoge a unas personas para que le ayuden y le den consejos. Todos trabajan juntos en la Casa Blanca. ¿Sabes cómo se llama nuestro Presidente?

El Congreso es otra rama del gobierno. Los
miembros del Congreso escriben nuevas leyes.
Estos legisladores vienen de comunidades de
todo el país. Votan por las leyes que creen que
necesitamos.

La Corte Suprema también es una rama de nuestro gobierno. Es la corte más importante de Estados Unidos. Una corte es donde trabajan los jueces. Los **jueces** nos dicen si las leyes son justas o si alguien las ha desobedecido.

Edificio de la Corte Suprema

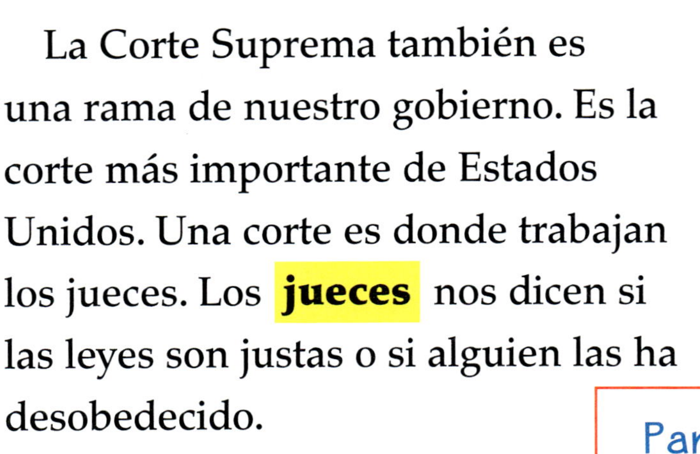

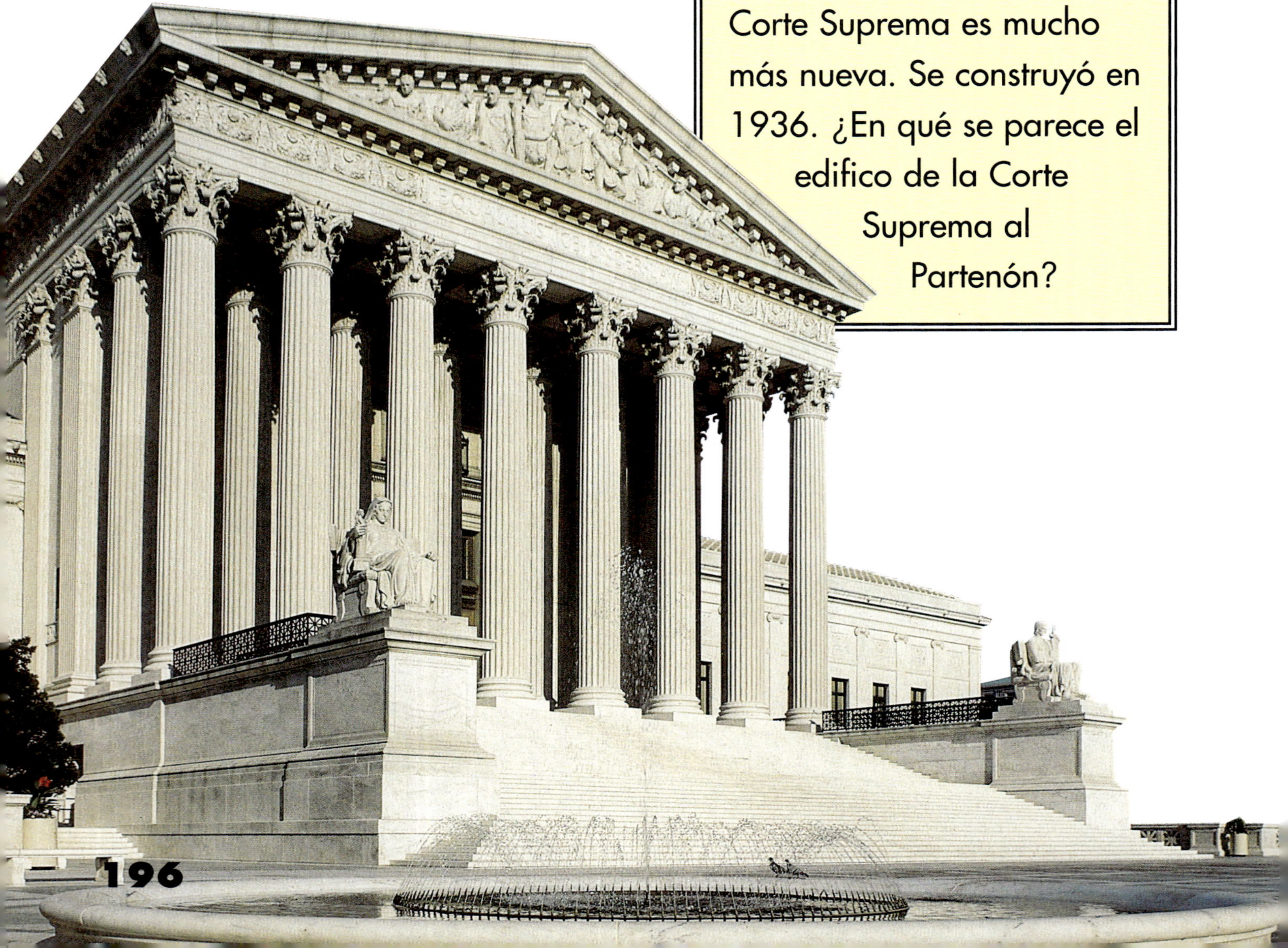

Historia

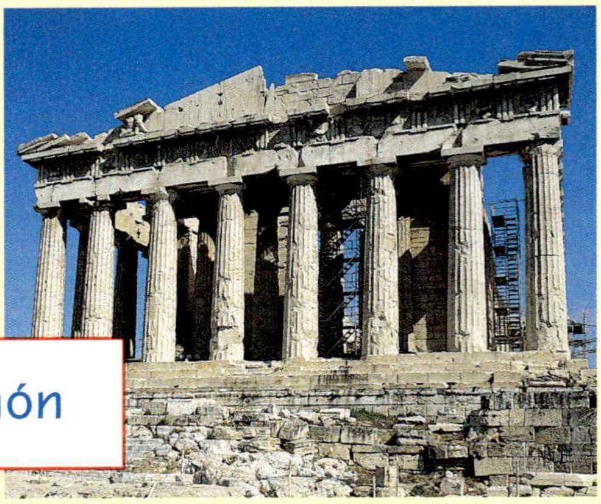

Partenón

El pueblo de Grecia construyó este templo hace más de 2,000 años. La Corte Suprema es mucho más nueva. Se construyó en 1936. ¿En qué se parece el edifico de la Corte Suprema al Partenón?

La Corte Suprema tiene nueve jueces. Se llaman magistrados. Sandra Day O'Connor es la primera mujer magistrada de la Corte Suprema.

El Presidente, el Congreso y la Corte Suprema están en Washington, D.C. Las tres ramas del gobierno trabajan juntas para dirigir nuestro país.

¿Qué sabes tú?

1. ¿Quién escribe las leyes de nuestro país?

2. ¿Por qué crees que es importante tener buenos líderes?

Ruth Bader Ginsburg

Anthony M. Kennedy

John Paul Stevens

Clarence Thomas

Antonin Scalia

William H. Rehnquist

David H. Souter

Sandra Day O'Connor

Stephen G. Breyer

Encontrar las capitales en un mapa

Nuestro país tiene cincuenta **estados**. Este mapa de Estados Unidos muestra las fronteras de cada estado. Una **frontera** es la línea que separa a dos estados. Muestra dónde empiezan y terminan los estados. Cada estado también tiene una capital para su propio gobierno.

1 Mira la leyenda del mapa. ¿Qué símbolo representa la capital del estado? Busca tu estado en el mapa. ¿Cuál es su capital? ¿Cuál es la capital de nuestro país?

2 Busca la rosa de los vientos en la parte de abajo del mapa. Recuerda que la rosa de los vientos nos orienta en un mapa.

3 Señala tu estado en el mapa. Di qué estados están al norte, sur, este y oeste de tu estado. ¿Cuál es la capital de cada uno de los estados vecinos?

Piensa y practica

Busca Georgia. ¿Cuál es la capital del estado que está al oeste de Georgia?

El gobierno de una comunidad

Los ciudadanos pueden trabajar juntos para hacer cambios. El año pasado nuestra escuela necesitaba un nuevo patio de recreo. Queríamos usar un terreno vacío cerca de la escuela. El papá de Maya nos ayudó a escribir una carta. Les pedimos a nuestros maestros, papás y vecinos que la firmaran.

1. Éste es el terreno vacío.

3. Las personas firmaron la carta.

2. El papá de Maya nos ayudó a escribir una carta.

La mamá de Noel entregó la carta a la junta escolar. La junta escolar tuvo una reunión. Muchas personas fueron a la reunión a escuchar y a hablar. La junta escolar votó para comprar el terreno vacío.

Los ciudadanos trabajaron juntos para construir el patio de recreo. El alcalde comenzó el trabajo. El **alcalde** es uno de los líderes de la ciudad.

Mi maestra dice que tenemos suerte de vivir en Estados Unidos. Los ciudadanos pueden hacer cambios en sus escuelas, sus comunidades, sus estados y país.

¿Qué sabes tú?

1. ¿Quiénes son algunos de los líderes de la comunidad?

2. ¿Cómo puedes trabajar con tus líderes?

Entender lo que piensan las personas

No todas las personas del barrio de Maya y Noel querían un patio de recreo en el terreno vacío. Lee esta carta enviada a la junta escolar.

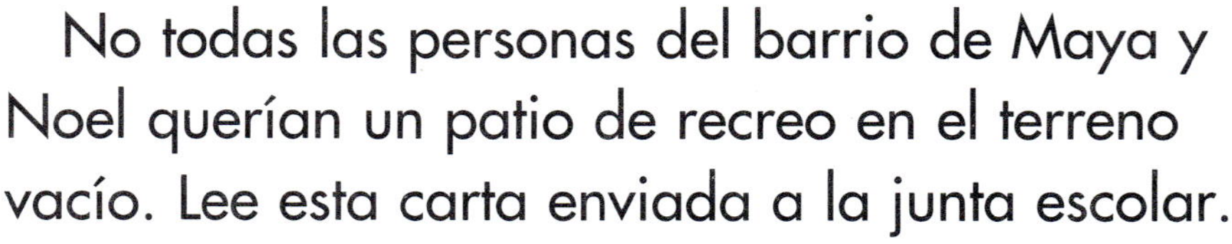

12 de abril de 1999

Estimados miembros de la junta escolar:

Vivo en el edificio junto al terreno vacío. El lote ha estado en venta durante muchos meses. Sé que lo quieren comprar para construir un patio de recreo. Creo que es una mala idea. Los niños hacen mucho ruido. Creo que también dejarán la basura tirada. Ojalá que pongan su patio de recreo en otra parte. Gracias.

Atentamente

John Wilson

A veces las personas tienen opiniones firmes sobre las cosas. Quieren que los demás escuchen sus ideas. A veces manifiestan hechos o hacen afirmaciones. Otras veces dan su opinión. Las opiniones expresan lo que sienten las personas. A menudo las personas tienen diferentes opiniones.

1 Lee la carta del Sr. Wilson. ¿Sobre qué tiene una opinión firme?

2 ¿Qué hechos manifiesta sobre el terreno vacío?

3 ¿Cuál es su opinión sobre los niños? ¿Cómo lo sabes?

Piensa y practica

- Trabaja con un compañero de clase.

- Escribe tu propia carta a la junta escolar.

- Comparte dos hechos y dos opiniones de por qué crees que se debe construir el patio de recreo en el terreno vacío.

Nuestras libertades

Las personas de nuestro país tienen muchas libertades. Las **libertades** son derechos que tienen las personas de Estados Unidos para tomar sus propias decisiones. Patrick Henry fue un líder famoso que contribuyó a que nuestro país lograra sus libertades hace muchos años. Amaba tanto la libertad que hasta dijo: "Denme libertad o la muerte".

"Patrick Henry ante el Congreso Burgués de Virginia" por Peter F. Rothermel.

Patrick Henry ayudó a que se añadiera la Carta de derechos civiles a la Constitución. La Carta de derechos civiles habla de las libertades que tenemos los estadounidenses.

Libertad de expresión

Los estadounidenses hemos disfrutado de estas libertades durante más de 200 años. La Constitución dice que el gobierno nunca nos las puede quitar.

Rosa Parks

Algunas veces las personas nos ayudan a recordar nuestras libertades. Una mujer que se llamaba Rosa Parks nos recordó que las libertades son las mismas para todos los estadounidenses. Rosa Parks luchó para ayudar a cambiar las cosas para los afroamericanos. Ella dijo: "Yo sólo fui una de las muchas personas que lucharon por la libertad".

Patrick Henry y Rosa Parks compartían sus sentimientos sobre la libertad. Hoy muchos jóvenes aprenden sobre sus libertades en la escuela.

Rosa Parks se crió en la granja de sus abuelos en Alabama. Al hacerse mayor, se dio cuenta de que los afroamericanos no eran tratados de manera justa. Ella creía que las personas no debían ser separadas por el color de su piel. Después, ella y su esposo trabajaron con grupos de personas para evitar esto. Un día el conductor de un autobús le dijo que ella debía ceder su asiento a una persona de piel blanca. Rosa Parks no quiso hacerlo. Porque ella creía en la libertad se cambiaron unas leyes injustas.

Nuestra clase hizo un cartel para explicar lo que significan las libertades para nosotros. Todos escribimos algo en el cartel. Una niña escribió "Libertad es tener las mismas reglas para todos." Después colgaron nuestro cartel en el Ayuntamiento para que todos lo vieran.

¿Qué sabes tú?

1. ¿Dónde está escrita la Carta de derechos civiles?

2. ¿Qué significan nuestras libertades para ti?

Llevarse bien con las personas

Trabaja en grupo. Habla sobre las diferentes opiniones de los niños.

- ¿Por qué cada niño cree que tiene la razón?
- ¿Cómo pueden resolver su problema?

¿Qué harías?

Piensa en una manera de expresar tus ideas a la clase.

- Dibuja una caricatura.
- Dramatiza la manera en que resolverías el problema.
- Escribe una historia.

No puedes ir
delante de mi.
Yo estaba aquí
primero.
¡No puedes
obligarme!
3
Lluvia de ideas

Los niños votan en EE.UU.

En la escuela Winship de Macon, Georgia, niños de todas las edades están aprendiendo a ser buenos ciudadanos. Ellos saben que los ciudadanos deben participar en su gobierno.

Cada año las maestras Laney Sammons y Jeannie Waters trabajan con estudiantes de segundo grado en actividades que les enseñan a ser buenos ciudadanos. Los niños usan las ideas de un proyecto que se llama "Kids Voting USA". Ellos planean elecciones escolares, aprenden sobre el gobierno de su comunidad y hasta van con sus papás a votar el día de las elecciones. Jeannie Webb Hodges, la directora de Winship, dice: "Cuando los niños hablan de votar en sus casas, sus papás también se animan".

Cuando los niños aprenden sobre el voto, también aprenden a buscar información, resolver problemas y tomar decisiones. Se divierten decorando sus salones de clases para el día de la votación. En un salón de clases, un águila de tamaño real les recuerda a los niños los símbolos de Estados Unidos.

Después de que los niños votan, se ponen con mucho orgullo las calcomanías que dicen "Yo voté". Con los hábitos que han aprendido, cuando estos pequeños ciudadanos crezcan, van a ser miembros activos de su comunidad y de su país.

¿Qué puedes hacer tú?

 Investiga cómo se registran para votar los ciudadanos de tu comunidad.

 Haz carteles para recordar a las personas que deben votar.

UNIDAD 5

Repaso

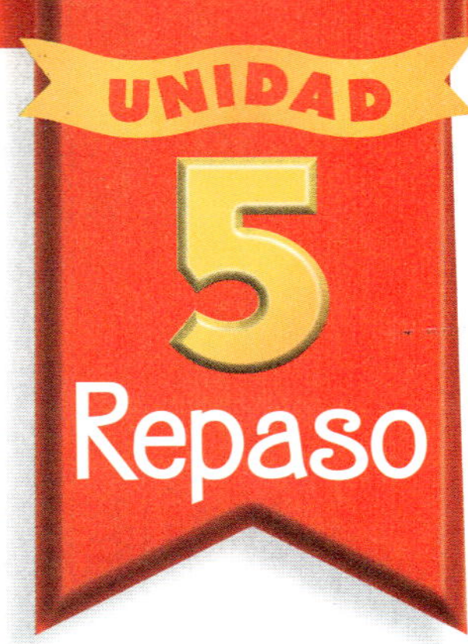

Resumen ilustrado

Mira los dibujos. Te ayudarán a recordar lo que aprendiste.

Habla sobre las ideas principales

1. Las personas de Estados Unidos honran su país y su historia.
2. Elegimos personas para que sean los líderes de nuestro país.
3. El gobierno de Estados Unidos tiene tres ramas.
4. Los estados y las comunidades también tienen gobiernos.
5. Los estadounidenses tienen muchas libertades.

Cuenta una historia Inventa una historia sobre un viaje a la capital de nuestro país o a la capital de tu estado. Habla de lo que viste y a quién conociste allí.

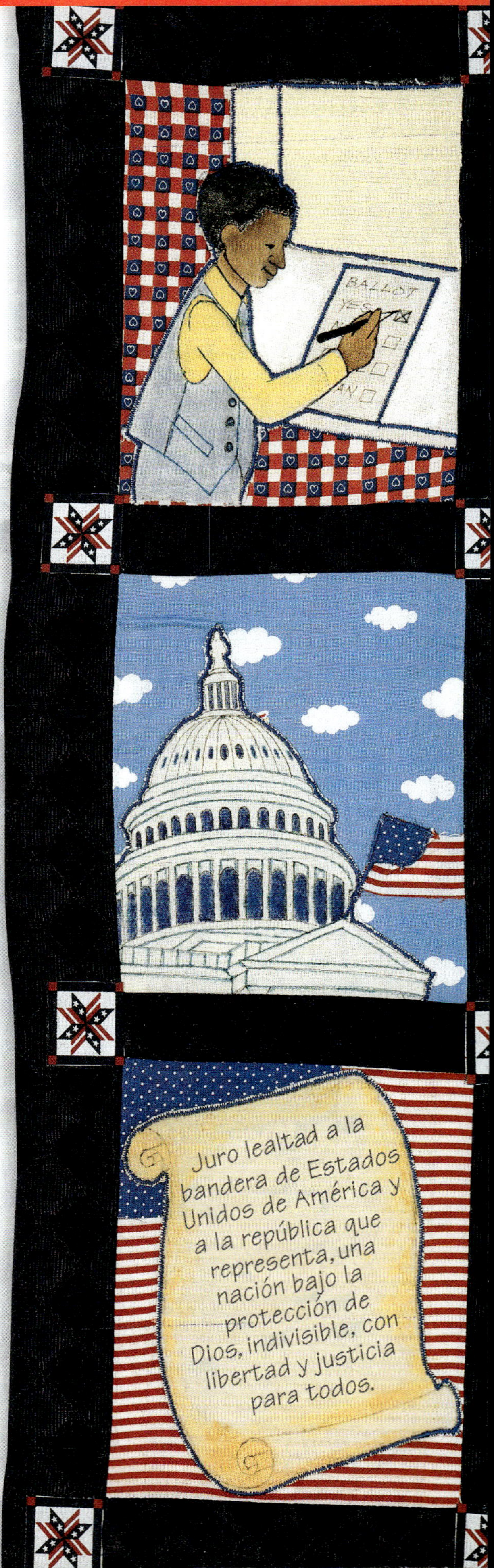

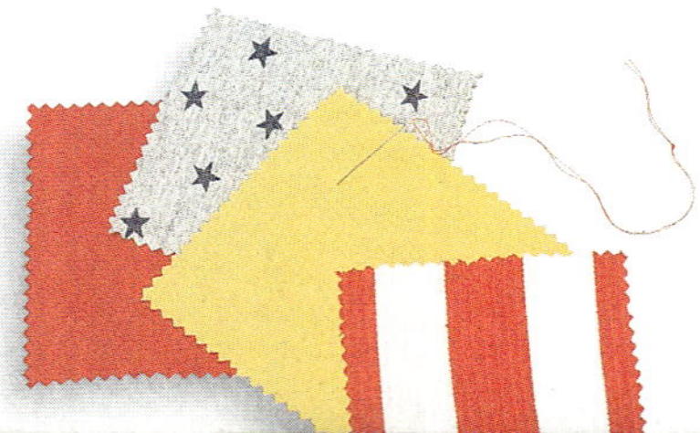

We the People
Article I
AYUDA
NUESTRAS
ESCUELAS
EQUAL JUST

Usa el vocabulario

Usa la palabra del cuadro para contestar.

1. ¿Un **alcalde** es el líder de una ciudad, de un estado o de un país?

2. ¿Dónde trabaja un **juez**?

3. ¿Cuántas veces puede **votar** una persona en las elecciones?

4. ¿Cuántas ramas tiene el **gobierno** de nuestro país?

5. ¿Cuál es una **libertad** que los estadounidenses tienen?

Comprueba lo que aprendiste

1. ¿Cómo los estadounidenses honran a su país?

2. ¿Qué es la Constitución?

3. ¿Cómo nos ayuda nuestro gobierno?

4. ¿Quién decide si las leyes son justas?

5. ¿Cómo ayudan las personas a su gobierno?

Piensa críticamente

1. ¿Por qué crees que el águila de cabeza blanca es un buen símbolo para nuestro país? Explica.

2. ¿Quiénes son algunos de los líderes de tu comunidad?

3. ¿Cuáles son algunas de las cosas que hacen los buenos ciudadanos?

Encontrar las capitales en un mapa

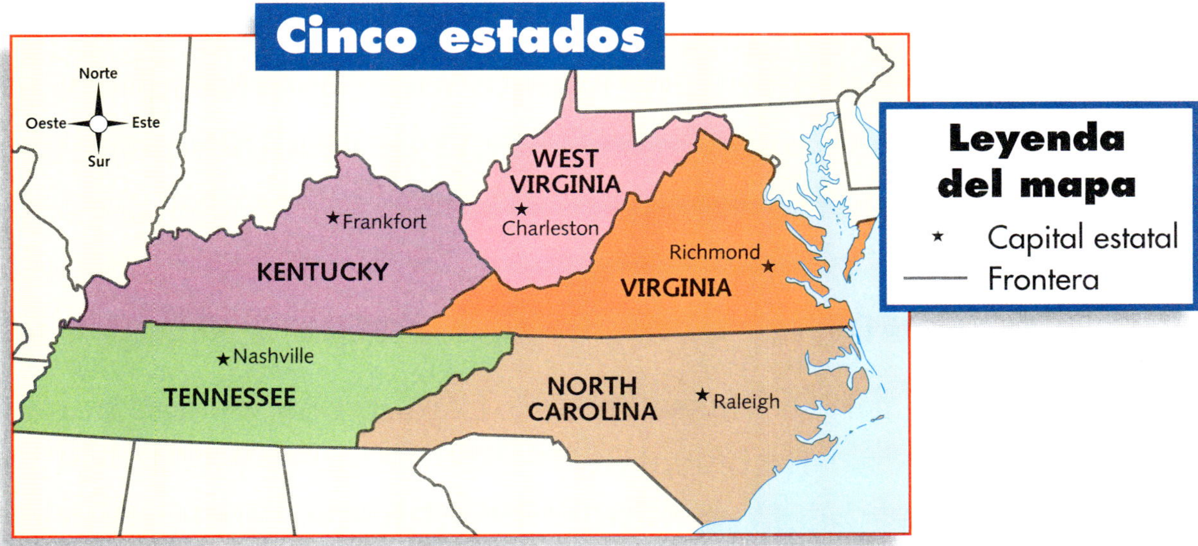

1. Nombra dos estados que comparten una frontera.
2. ¿Cuál es la capital de Tennessee?
3. ¿Hacia qué dirección está Tennessee de Kentucky?
4. ¿En qué dirección viajarías para ir de Richmond a Frankfort?

Hazlo tú mismo

Haz un mapa de tu estado y sus estados vecinos.

Pon las capitales en el mapa.

Haz un dibujo de la rosa de los vientos.

Escribe dos preguntas sobre cómo encontrar las capitales.

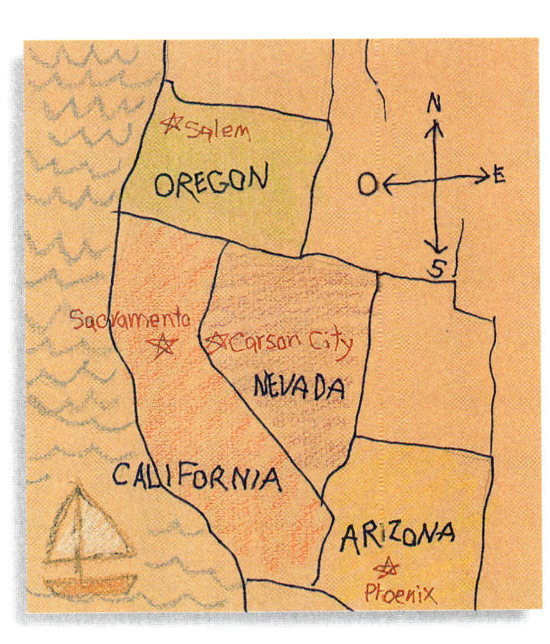

215

Aplica tus destrezas

Entender lo que piensan las personas

1. Nombra algo sobre lo cual tienes una opinión firme.
2. Da un hecho y una opinión sobre lo que nombraste arriba.

Cómo elegir por medio del voto

En 1996 Massachusetts aprobó una ley que nombró el postre oficial del estado. La idea de la ley fue de un grupo de estudiantes. Querían que el pastel de crema de Boston fuera el postre oficial del estado. ¡Los legisladores votaron —y estuvieron de acuerdo con la idea!

Trabaja con tus compañeros de clase para elegir un bocadillo oficial para tu estado o tu ciudad. Voten para decidir cuál es el favorito de la clase.

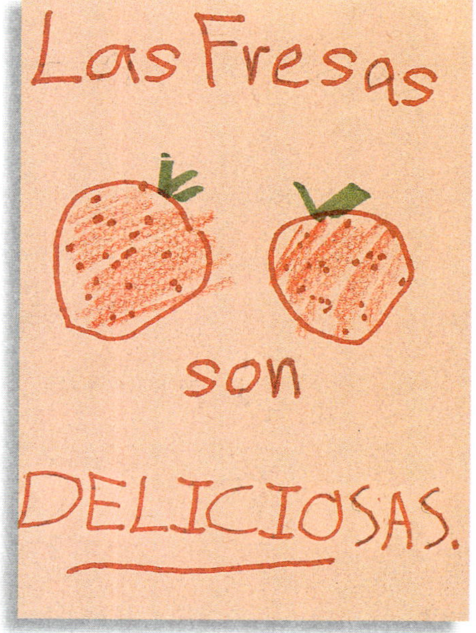

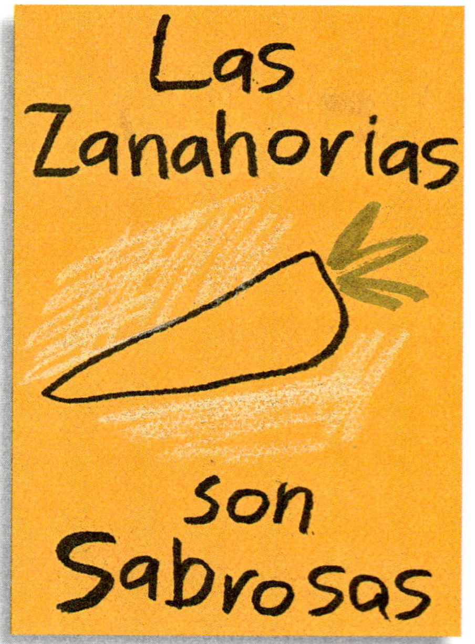

Haz una urna electoral

Trabaja en grupos pequeños para hacer urnas electorales para todos los salones de tu escuela.

 Enumera las ideas del grupo sobre cómo decorar las urnas.

 Voten para decidir qué idea o ideas van a usar para decorar las urnas.

 Enumera las cosas que hay que hacer y quién las va a hacer.

 Regala tu urna a otra clase. Comparte con los estudiantes lo que tu clase aprendió sobre el voto.

Visita nuestra página en Internet en **http://www.hbschool.com** para recursos adicionales.

Lee más sobre el tema

La pesca de Nessa de Nancy Luenn. Atheneum. 1994. Es otoño en el helado Ártico. Todo el pueblo recibe a la pequeña Nessa. La reciben como una heroína. Están muy orgullosos de ella. ¿Cuál habrá sido su buena acción?

Un libro ilustrado sobre Abraham Lincoln de David A. Adler. Holiday House. 1991. Conoce la vida de uno de nuestros más admirados presidentes. Diviértete además con los simpáticos dibujos que trae el libro.

Nuestros vecinos cerca y lejos

pionero
antepasado
costumbre
artefacto
comunicación

219

pionero

Una persona que llega primero a una tierra desconocida.

antepasado

Alguien de una familia que vivió hace mucho tiempo.

costumbre

Una manera de hacer algo.

Un objeto que hacen y usan las personas.

Compartir las ideas con los demás.

Pride

by Alma Flor Ada
illustrated by Gerardo Suzán

Proud of my family
proud of my language
proud of my culture
proud of my race
proud to be who I am.

Orgullo

por Alma Flor Ada
ilustrado por Gerardo Suzán

Orgullosa de mi familia
orgullosa de mi idioma
orgullosa de mi cultura
orgullosa de mi raza
orgullosa de ser quien soy.

Las personas en movimiento

Recuerda que los colonizadores llegaron a vivir a Estados Unidos hace mucho tiempo. En el oeste se establecieron personas que llegaron de España. Otras que llegaron de Inglaterra se establecieron en el este. Había mucho terreno entre el este y el oeste que no había sido poblado todavía.

Entonces, los habitantes del este comenzaron a recorrer todo el país como pioneros. Un **pionero** es una persona que llega primero a una tierra desconocida. Los pioneros viajaban a pie, a caballo y en carretas. Cruzaron ríos, llanuras y montañas. Construyeron granjas, ranchos y pueblos en toda esa extensión de tierra.

"Pioneros del oeste" por Helen Lundeberg

Después, otros pioneros comenzaron a recorrer el país. Al poco tiempo, los trenes comenzaron a llevar las cosas que las comunidades necesitaban. También llevaron más personas.

Algunas personas establecieron negocios. Las comunidades construyeron escuelas e iglesias. Algunos pueblos crecieron hasta convertirse en ciudades. Con el paso del tiempo, todo el país fue colonizado, desde el océano Atlántico hasta el océano Pacífico.

El primer ferrocarril que cruzó el país se construyó hace 130 años. Un grupo de trabajadores comenzó a construirlo en Sacramento, California. Otro grupo comenzó en Omaha, Nebraska. Las vías se unieron en Promontory, Utah. A partir de entonces las personas podían atravesar el continente en tren.

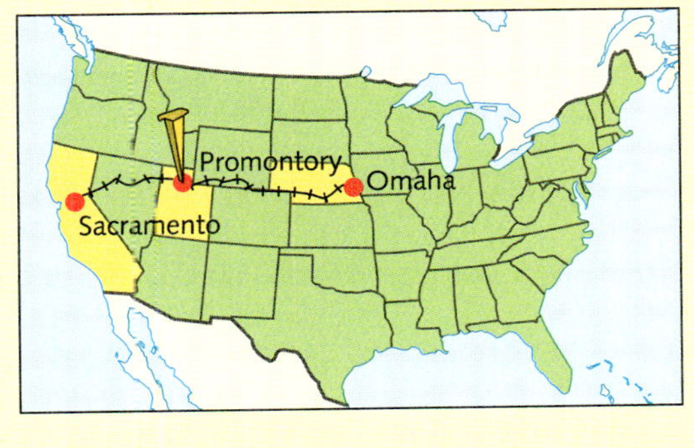

Muchas personas se mudaban de un lugar a otro del país. Otras personas también vinieron desde otros países alrededor del mundo a vivir a este nuevo país. Llegaban aquí en grandes barcos. En el este del país, los barcos llegaban a la isla Ellis. En el oeste, llegaban a la isla Angel.

Cuando llegaban, todos tenían que decir por qué querían mudarse a Estados Unidos. Los médicos se aseguraban de que todos los que llegaban estuvieran sanos.

Lee lo que los niños pensaban acerca de llegar a una tierra nueva y desconocida.

La isla Ellis

226

Golda Meir de Rusia

"En aquel tiempo, viajar a Estados Unidos era como viajar a la Luna. Todos íbamos a lugares de los que no sabíamos nada y a un país que era completamente desconocido para nosotros".

Una niña de 11 años de Turquía

"No sabía leer ni escribir y ni siquiera hablar. Hasta que llegué aquí, nunca había ido a la escuela debido a la guerra. Pero aprendí, y aprendí muy bien, gracias a Dios".

Helen Cohen de Polonia

"Cuando tenía como 10 años, decidí que tenía que ir a Estados Unidos. Soñaba con ir. Y soñando, mi sueño se convirtió en realidad. Cuando llegué, me parecía otro mundo. Era libre. Me sentía como un pájaro. Sentía que podía volar y pararme en cualquier árbol. Era libre".

¿Qué sabes tú?

1. ¿Cómo cruzaban el país los pioneros?

2. ¿Qué opinas de mudarte a otro país?

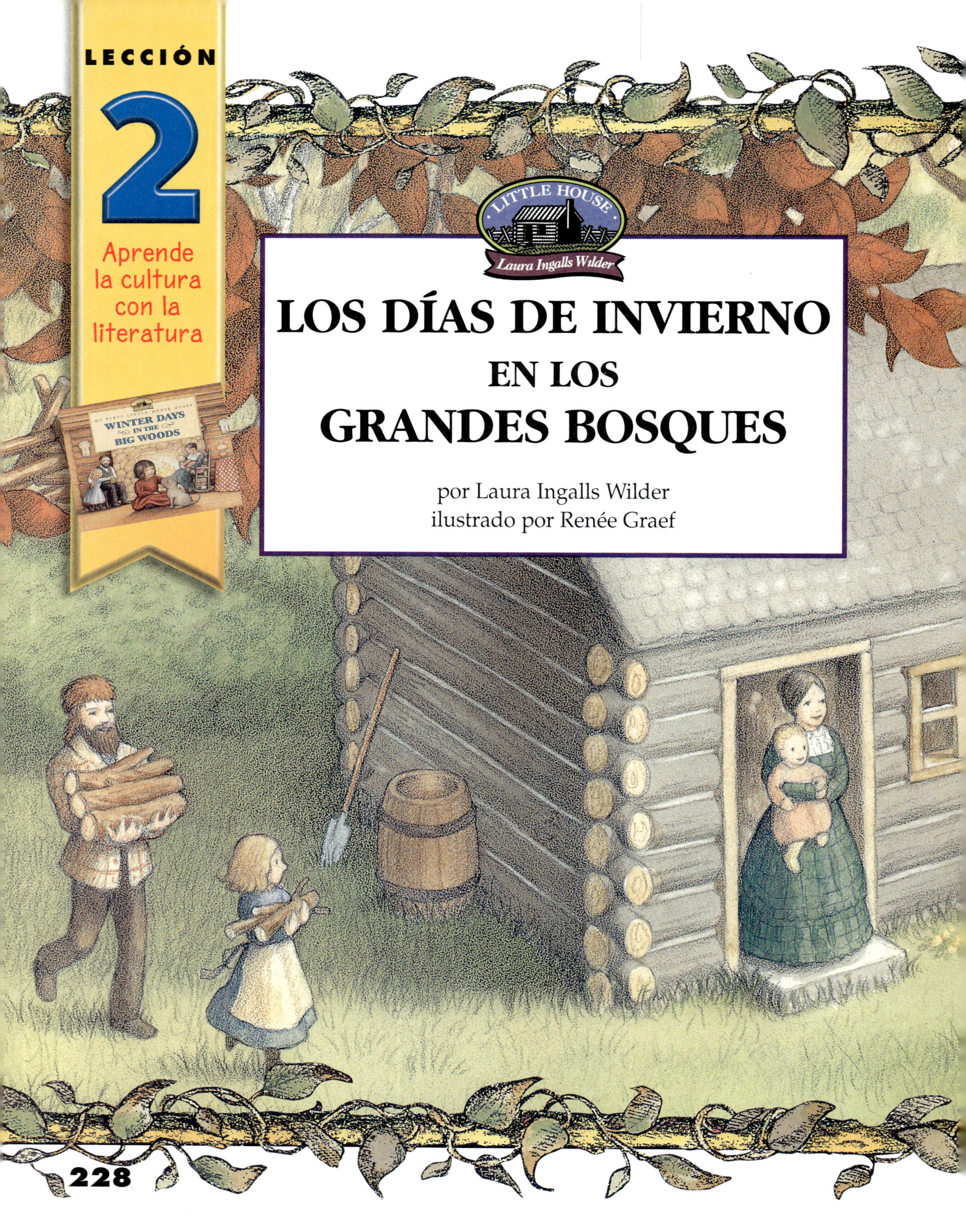

LOS DÍAS DE INVIERNO
EN LOS
GRANDES BOSQUES

por Laura Ingalls Wilder
ilustrado por Renée Graef

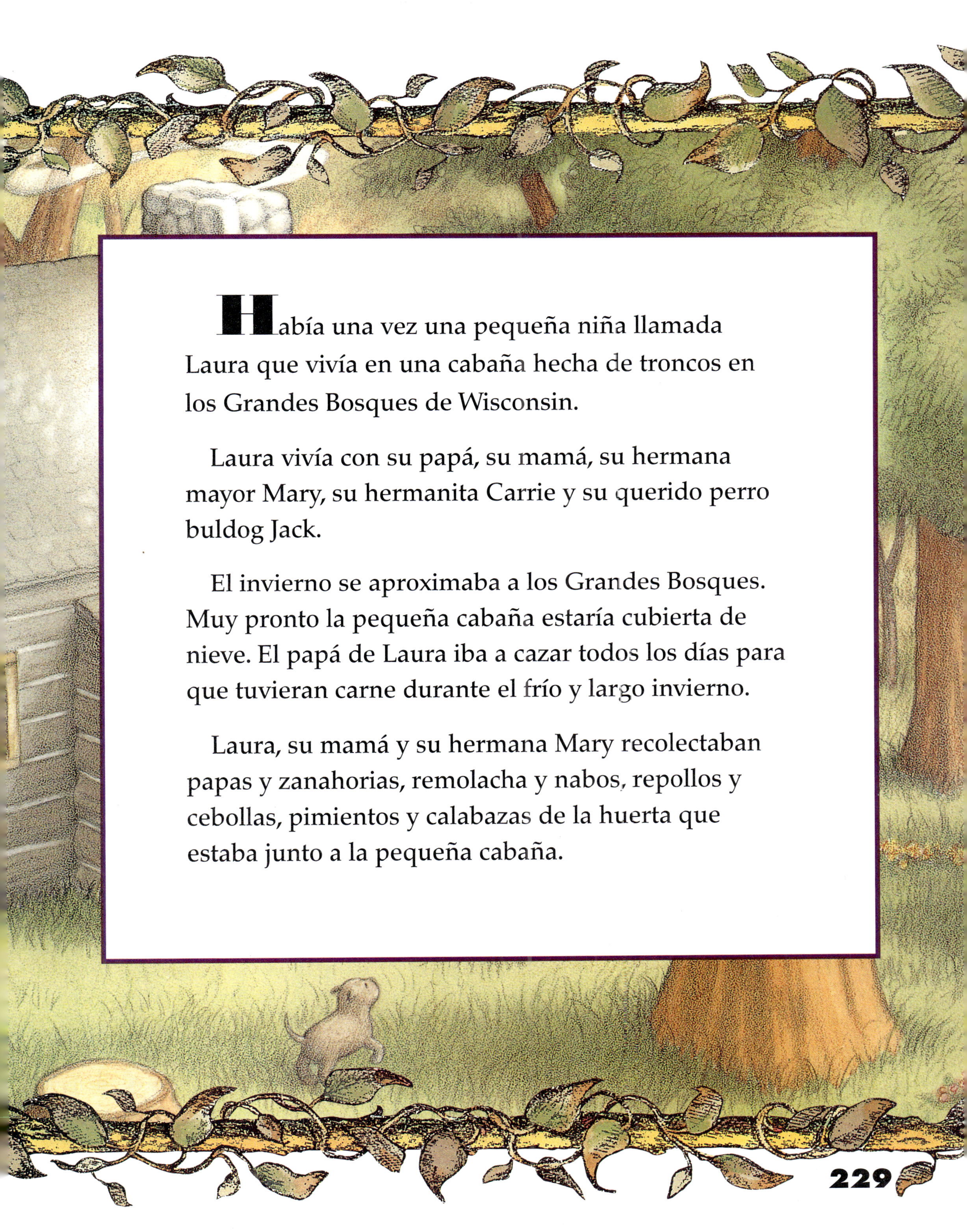

Había una vez una pequeña niña llamada Laura que vivía en una cabaña hecha de troncos en los Grandes Bosques de Wisconsin.

Laura vivía con su papá, su mamá, su hermana mayor Mary, su hermanita Carrie y su querido perro buldog Jack.

El invierno se aproximaba a los Grandes Bosques. Muy pronto la pequeña cabaña estaría cubierta de nieve. El papá de Laura iba a cazar todos los días para que tuvieran carne durante el frío y largo invierno.

Laura, su mamá y su hermana Mary recolectaban papas y zanahorias, remolacha y nabos, repollos y cebollas, pimientos y calabazas de la huerta que estaba junto a la pequeña cabaña.

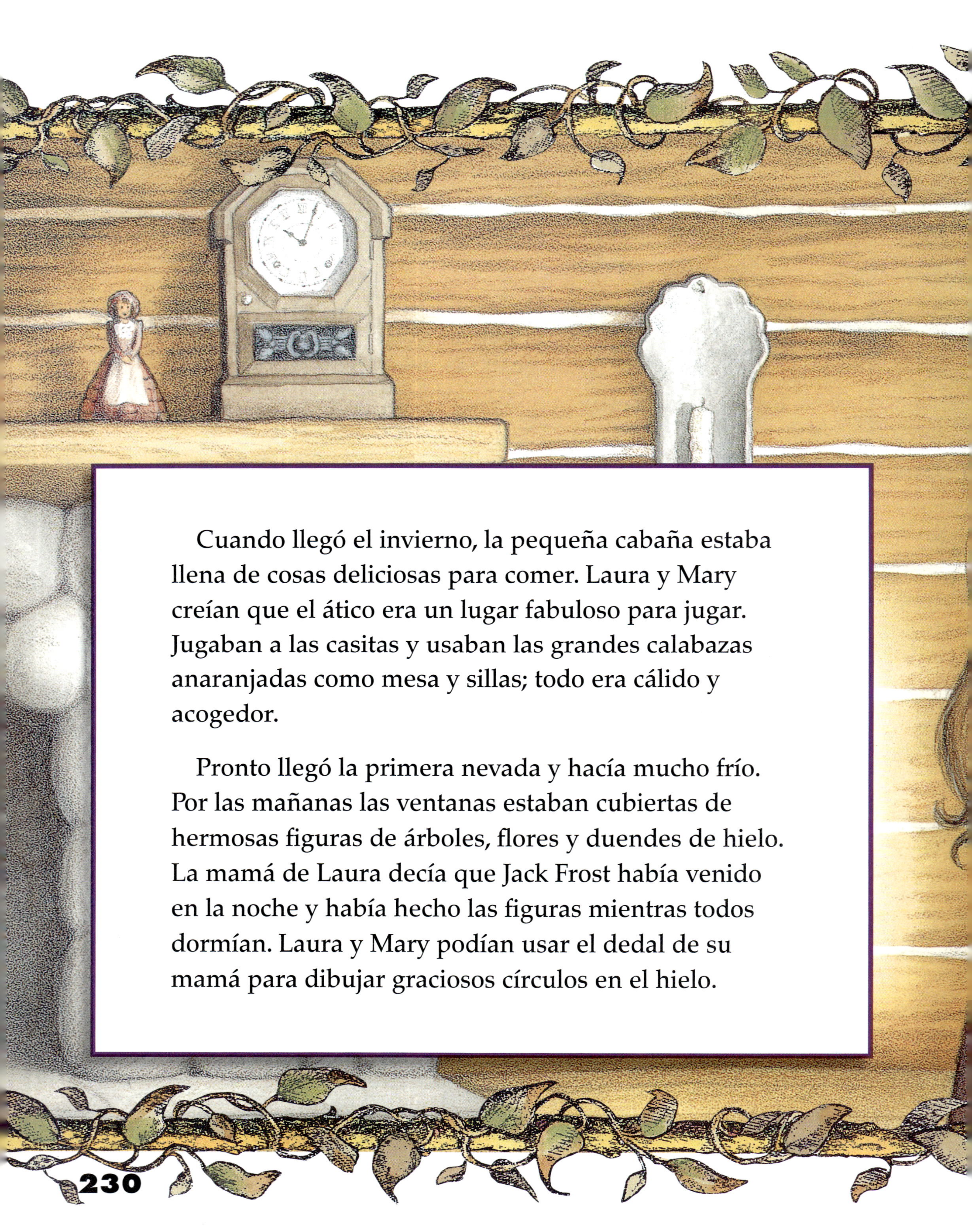

Cuando llegó el invierno, la pequeña cabaña estaba llena de cosas deliciosas para comer. Laura y Mary creían que el ático era un lugar fabuloso para jugar. Jugaban a las casitas y usaban las grandes calabazas anaranjadas como mesa y sillas; todo era cálido y acogedor.

Pronto llegó la primera nevada y hacía mucho frío. Por las mañanas las ventanas estaban cubiertas de hermosas figuras de árboles, flores y duendes de hielo. La mamá de Laura decía que Jack Frost había venido en la noche y había hecho las figuras mientras todos dormían. Laura y Mary podían usar el dedal de su mamá para dibujar graciosos círculos en el hielo.

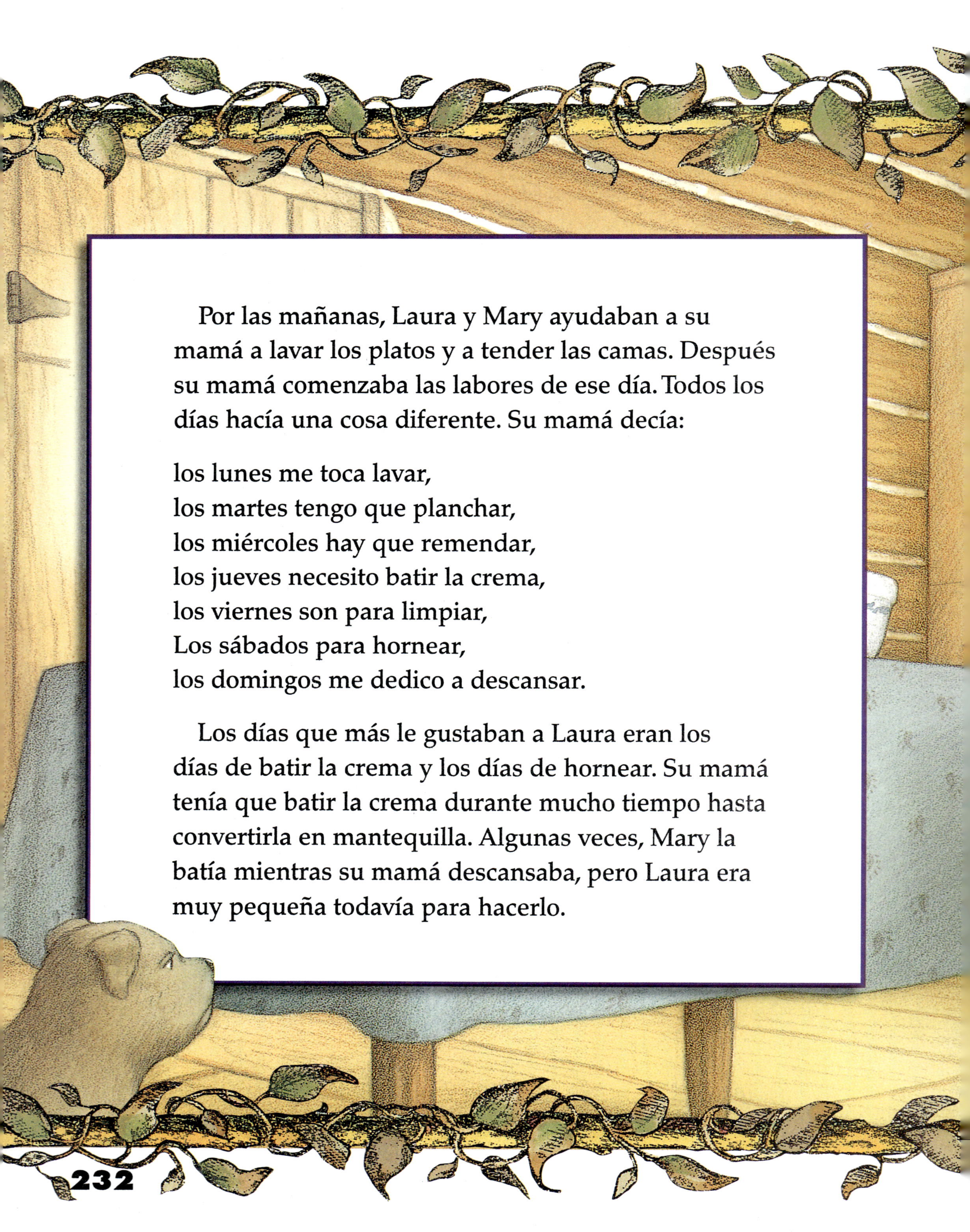

   Por las mañanas, Laura y Mary ayudaban a su
mamá a lavar los platos y a tender las camas. Después
su mamá comenzaba las labores de ese día. Todos los
días hacía una cosa diferente. Su mamá decía:

los lunes me toca lavar,
los martes tengo que planchar,
los miércoles hay que remendar,
los jueves necesito batir la crema,
los viernes son para limpiar,
Los sábados para hornear,
los domingos me dedico a descansar.

   Los días que más le gustaban a Laura eran los
días de batir la crema y los días de hornear. Su mamá
tenía que batir la crema durante mucho tiempo hasta
convertirla en mantequilla. Algunas veces, Mary la
batía mientras su mamá descansaba, pero Laura era
muy pequeña todavía para hacerlo.

Los sábados mientras su mamá horneaba el pan,
Laura y Mary podían hacer pequeñas hogazas de pan
con un poco de masa que su mamá les daba. Hasta
podían hacer galletitas con la masa para galletas que
también les daba.

Después de terminar las labores del día, a veces su
mamá se ponía a cortar muñecas de papel para ellas.
Dibujaba las caras con un lápiz y luego cortaba, de
papel de colores, los vestidos, sombreros y cintas para
que Laura y Mary vistieran muy bonitas a sus muñecas.

Pero lo mejor de todo era cuando llegaba su papá por la noche. Se quitaba su gorro de piel, su abrigo y sus guantes y decía, —¿dónde está mi jarrita de sidra medio vacía? Así llamaba a Laura por ser tan pequeña.

Algunas veces su papá sacaba su violín y se ponía a cantar. Llevaba el ritmo con el pie. Laura y Mary aplaudían al ritmo de la música mientras él cantaba esta canción:

"Yankee Doodle al pueblo fue,
con su pantalón rayado,
y por tantas casas que él vio,
no pudo ver el pueblo."

Otras veces su papá les contaba cuentos. Cuando Laura y Mary le rogaban que les contara un cuento, las sentaba en sus rodillas y les hacía cosquillas en las mejillas con sus largos bigotes hasta que se reían a carcajadas. Su papá tenía ojos azules y mirada alegre.

Afuera hacía frío y nevaba, pero adentro de la pequeña cabaña el ambiente era cálido y acogedor. Laura y su papá, su mamá y sus hermanas Mary y Carrie vivían tranquilos y felices en su pequeña cabaña en los Grandes Bosques.

Un mundo de personas

Muchas personas vienen de otros países a vivir a Estados Unidos. Acompaña a estos niños a conocer a un nuevo amigo. Fíjate en lo que aprenden sobre él y sobre sí mismos.

Hoy tenemos un visitante especial en nuestro salón de clases. Se llama Antonio y es de Italia. Antonio trajo fotos de su familia y su escuela. Le gusta leer libros como a nosotros. Los libros que él lee están escritos en italiano. Antonio está aprendiendo a hablar inglés. Antonio va a tocar su violín para nosotros porque la música es un idioma que todos podemos entender.

Antonio es primo de Tina. Los antepasados de Tina vinieron de Italia. Nuestros **antepasados** son personas de nuestra familia que vivieron antes que nosotros. Los antepasados de muchos estadounidenses vinieron de otros países. Algunos de ellos llegaron aquí hace cientos de años. Otros han estado aquí poco tiempo.

Los antepasados de Chad vinieron de África hace mucho. La familia de Emily llegó aquí desde Polonia cuando ella era bebé. Cam Linh y su familia acaban de llegar de Vietnam.

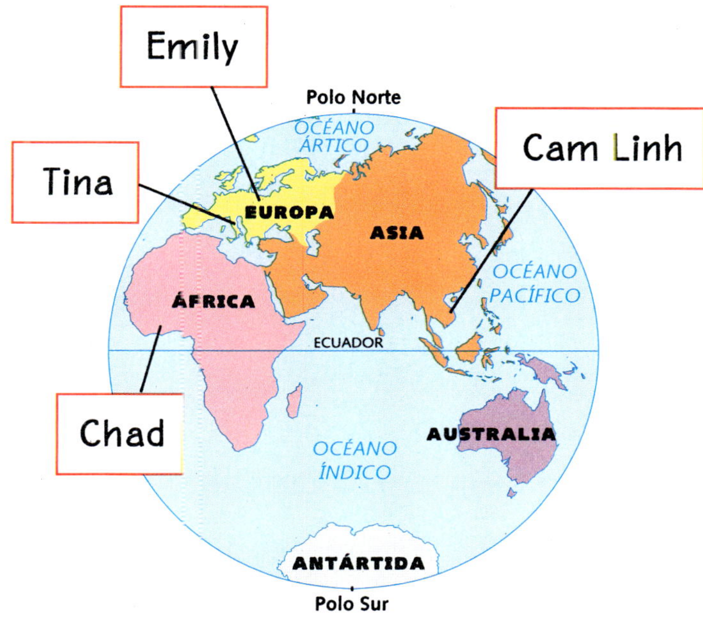

Nuestra clase está haciendo una colcha de parches. Cada uno de nosotros trajo un parche que muestra algo sobre nuestras familias. En el mío estamos mi abuelita, yo y mi bicicleta. Mi abuelita es de Irlanda y por eso dibujé un trébol en mi parche. Bobby es de Canadá. Él dibujó una hoja de arce en su parche, como el de la bandera canadiense. El parche de Carla tiene unas zapatillas de ballet y un diseño de los indios Hopi. Sus antepasados fueron algunos de los primeros estadounidenses.

Nuestra maestra dice que Estados Unidos es como una gran colcha de parches. Cada parche es diferente, pero todos juntos hacen una colcha resistente y hermosa.

Nuestra colcha de parches nos ayuda a saber más sobre cada uno de nosotros. Eso hace más fácil que seamos amigos.

¿Qué sabes tú?

1. ¿De dónde vienen los antepasados de muchos estadounidenses?

2. ¿Por qué es importante aprender sobre otras personas?

Usar una gráfica de barras

Nuestra colcha de parches muestra algo sobre nuestros antepasados. También hicimos una gráfica de barras para indicar de qué partes del mundo vinieron nuestros antepasados. Una **gráfica de barras** es un tipo de dibujo que indica las cantidades de las cosas.

1 Mira la gráfica de barras. Los niños que la hicieron escribieron el nombre de los continentes de donde vinieron sus antepasados. ¿Por qué crees que añadieron "<u>No estoy seguro</u>"?

2 Busca África en la gráfica. ¿Hasta qué número llega la barra? ¿Cuántos niños tienen antepasados de África?

3 Cuatro niños tienen antepasados del mismo continente. ¿Qué continente es ése?

4 Compara las barras. ¿De qué continente vinieron la mayoría de los antepasados de los niños? ¿De cuál vino el menor número de personas?

244

Piensa y practica

Haz una gráfica de barras con tus compañeros.
Hagan una lista de las comidas de diferentes
países. Luego usen barras para mostrar a
cuántos niños les gusta cada tipo de comida.

La historia de una familia

Todas las familias tienen su historia. Los bebés nacen y crecen. Cuando son adultos puede que se casen y tengan sus propios hijos. Algunas personas se van a vivir muy lejos en otra parte del mundo. Otras se quedan en el mismo lugar toda su vida. Todas las familias tienen un pasado y una historia que contar.

Bryan Chiang es un niño de siete años que nació cerca de San Francisco, California. Él ha vivido en la misma casa toda su vida. Sus abuelitos viven cerca de donde vive él pero nacieron en China. Hace mucho tiempo vinieron a Estados Unidos en busca de una mejor forma de vida.

Bryan Chiang y su familia en el Barrio Chino

Cuando Bryan va de visita a la casa de sus abuelitos
ve algunas cosas que vinieron de China. Le gusta usar
el ábaco. Los habitantes de China han usado esta
herramienta durante miles de años. Con el ábaco
pueden sumar, restar, multiplicar y dividir sin
usar lápiz y papel.

El abuelito de Bryan aprendió a usar el ábaco
cuando tenía la edad de Bryan. Cuando se vino
a Estados Unidos se trajo su ábaco. Durante
muchos años lo usó en su negocio para hacer
las sumas de lo que compraban sus clientes.

Algunas veces, los abuelitos de Bryan le enseñan fotos de China. Muchas de las fotos son de personas de su familia que vivieron hace mucho tiempo. Tienen fotos de sus bisabuelitos y de sus abuelitos cuando eran jóvenes.

Las fotos de China ayudan a que Bryan entienda la historia de su familia.

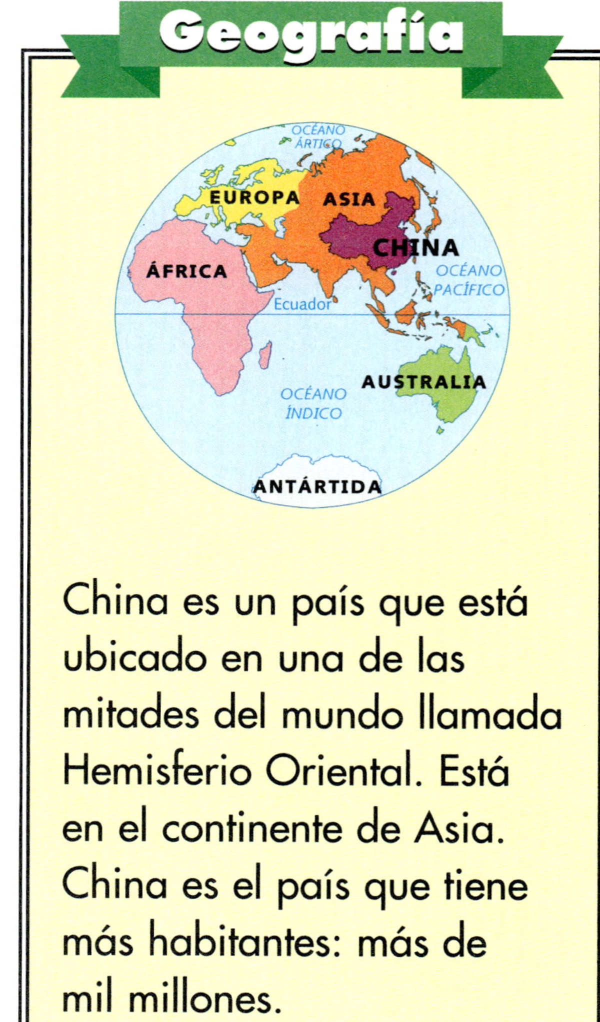

China es un país que está ubicado en una de las mitades del mundo llamada Hemisferio Oriental. Está en el continente de Asia. China es el país que tiene más habitantes: más de mil millones.

Una de las maneras en que aprendemos la historia de nuestras familias es haciendo un árbol genealógico. Un árbol genealógico es un dibujo que muestra a los antepasados de una familia desde hace muchos años.

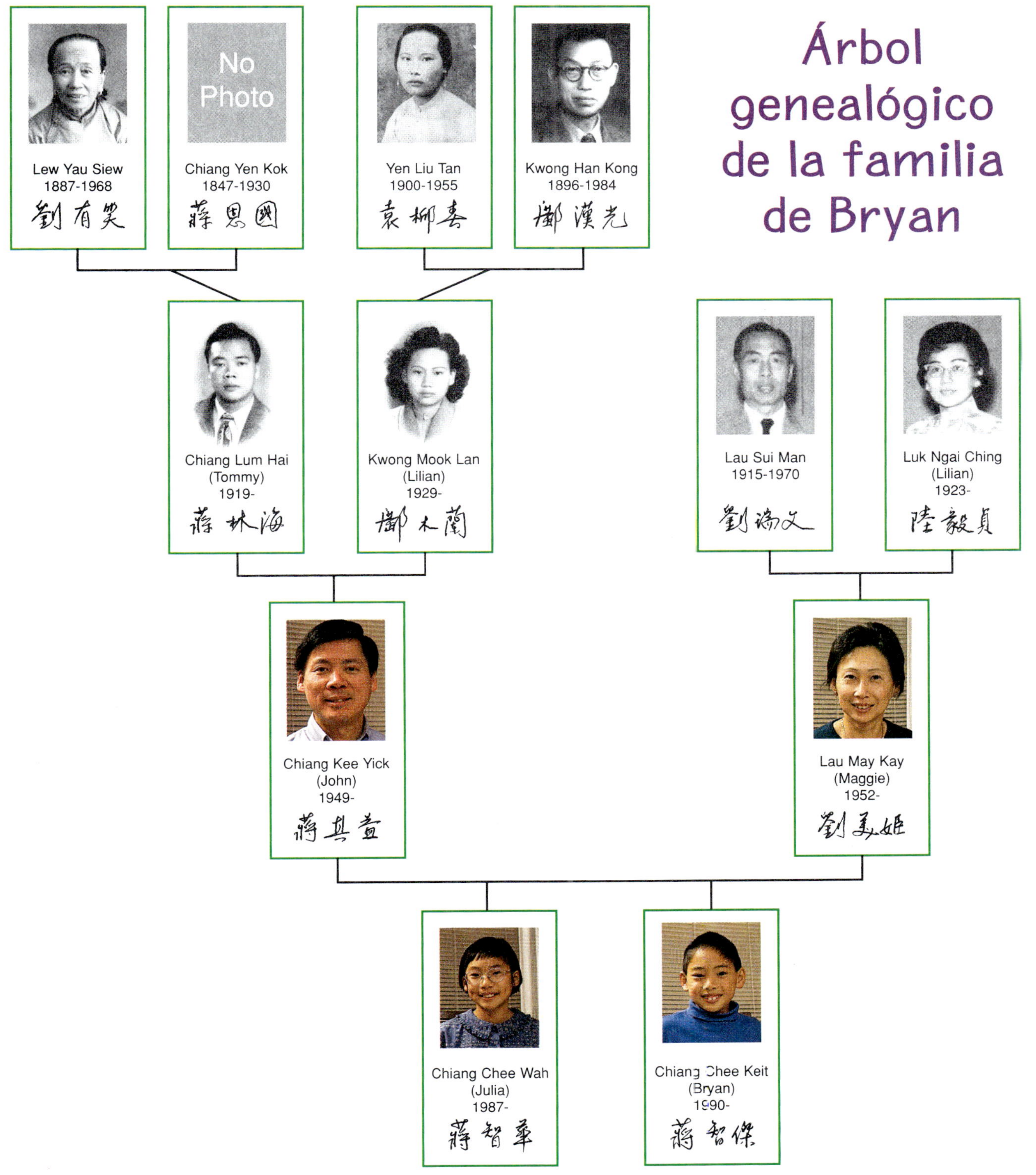

A Bryan le gusta la comida china. A veces su
abuelito le deja ayudar a preparar la comida. Cuando
el papá de Bryan era niño, su abuelito le enseñó a
cocinar. Ahora, el abuelito de Bryan le enseña a Bryan
cómo preparar una sopa de "wonton", una de las
comidas favoritas de Bryan. Bryan dice, "Mi abuelito
es un buen maestro y también un buen cocinero."

Para preparar el "wonton" para la sopa, Bryan pone
el relleno de carne en medio de un pedazo de masa.
Luego humedece los bordes de la masa, los dobla
sobre el relleno, y los une apretándolos.

Bryan aprieta con
cuidado la masa
de "wonton" para
que no se le salga
el relleno.

Bryan se siente orgulloso de sus antepasados chinos. Él y su hermana Julia están aprendiendo a hablar chino. Bryan y Julia saben escribir sus nombres en chino con un tipo de letras que se llaman caracteres. También han aprendido muchas cosas de la historia de su familia.

A Bryan le gusta imaginar cómo comenzó a crecer el árbol genealógico de su familia hace muchos años allá en China. Ahora el árbol es más frondoso y tiene ramas que llegan hasta Estados Unidos. También se pregunta cuánto crecerá el árbol en el futuro.

¿Qué sabes tú?

1. ¿De dónde vinieron los abuelitos de Bryan?

2. ¿Qué puedes tú aprender de tus abuelitos?

Las celebraciones de la comunidad

En algunas comunidades, las familias celebran días festivos especiales. Puede ser que se vistan con trajes de colores y que disfruten deliciosos platillos. Puede ser que bailen y canten canciones que les enseñaron sus antepasados. Nuestra clase hizo un álbum de recortes de algunas de estas celebraciones especiales.

El Año Nuevo chino

Durante el Año Nuevo chino, todo el mundo se desea "Gung Hay Fat Choy" o Feliz Año Nuevo. Se pueden ver decoraciones de color rojo brillante por todas partes. Las personas comen rollos primavera y pato relleno de arroz. Estas son costumbres antiguas chinas. Una **costumbre** es la manera en que las personas suelen hacer las cosas. Otra de sus costumbres favoritas es llevar linternas de papel por las calles, detrás de un dragón danzante.

El Cinco de mayo

El 5 de mayo, los mexicanos de Estados
Unidos lo celebran con un desfile de
jinetes montando hermosos caballos. El
olor a tortilla, burritos y tamales está por
todos lados. Ésta es la celebración del
Cinco de mayo. Es una fiesta o banquete
que nos recuerda la libertad por la que
lucharon los mexicanos hace mucho.

A todo el mundo le encanta bailar y
cantar al son de las guitarras y las
trompetas. Los niños se divierten tratando
de romper las piñatas. Las piñatas están
llenas de frutas, dulces y juguetes.

Kwanzaa

A finales de diciembre, muchas familias afroamericanas celebran Kwanzaa. Todos los días durante una semana, se prende una vela. El primero de estos días es Umoja, que quiere decir unidad.

Kuumba es el sexto día. Las personas se visten de ropa africana de colores, cuentan viejos cuentos y bailan al ritmo de los tambores africanos.

El último día es Karamu, que significa banquete. Sirven platillos de frijoles carita, jamón, ensalada de manzana, pan de maíz, pastel de batata y otras cosas deliciosas.

Juneteenth

Algunos afroamericanos celebran otro día festivo llamado "Juneteenth". El 19 de junio se conmemora el día de 1865 en que los esclavos de Texas recibieron su libertad. Las familias se reúnen en desfiles y días de campo para contar relatos acerca de su historia. Muchos dan gracias por su libertad cantando el himno "Lift Ev'ry Voice" que quiere decir "Alcen todos su voz".

"Alcen todos la voz y canten
hasta que resuenen el cielo y la tierra,
que resuenen con la armonía de la libertad".

La Epifanía griega

Durante casi 100 años, los griegos de Tarpon Springs, Florida, han celebrado el Banquete de la Epifanía. El 6 de enero es un día festivo religioso importante para la iglesia griega. Las familias desfilan desde la iglesia hasta Spring Bayou para bendecir el agua. Arrojan una cruz al agua y los jóvenes bucean para encontrarla. Encontrarla es un honor.

Después hay un "glendi", o festival con baile y música, y muchos mariscos para comer. Miles de personas visitan Tarpon Springs cada año para celebrar este emocionante festival griego.

¿Qué sabes tú?

1. ¿Qué grupo de personas celebra Kwanzaa?

2. ¿Cómo celebra tu familia o tu comunidad las fechas especiales?

Aprende de los artefactos

Las celebraciones también son una parte importante de la vida de los indios de América del Norte. Los objetos que ves en las fotos se hicieron para usarlos en celebraciones especiales. Los objetos hechos por el ser humano se llaman **artefactos** . Los artefactos nos ayudan a aprender sobre la vida de las personas que los hicieron.

1 Mira los artefactos y lee sobre ellos. Describe cada artefacto. ¿Cómo crees que se usa cada uno de ellos?

2 ¿Qué materiales usan los indios para hacer sus objetos?

3 ¿Qué puedes decir sobre los hopi al ver uno de los muñecos kachina?

4 ¿Qué puedes decir sobre los indios de las llanuras al mirar sus artefactos?

Los indios hopi usan unos muñecos tallados en madera, llamados kachina, para enseñar a sus hijos cómo vivían sus antepasados.

Los indios de las llanuras usan carracas hechas de calabaza para celebrar las buenas cosechas.

Los navajos creen que las pinturas de arena los ayudan en sus ceremonias curativas.

Los iroqueses usan las cáscaras del maíz en sus celebraciones.

Algunos indios de la costa noroeste honran a sus antepasados con postes tótem tallados en madera.

Piensa y practica

Haz un dibujo de un artefacto que muestre algo sobre ti a otra persona.

Uno para todos y todos para uno

Todas las personas del mundo tienen muchas necesidades en común. Comparten los mismos sentimientos sobre lo que hace que la vida sea buena. Las personas de todas partes piensan en su seguridad y cómo mantenerse sanas y llevarse bien con los demás.

Algunos niños de otros países hicieron unos carteles para mostrar cómo mantener nuestro mundo como un buen lugar para vivir. ¿En qué se parecen sus ideas a las tuyas?

Henrik Kaurin
8 años
Suecia

EUROPA
ASIA
ÁFRICA
AUSTRALIA
ANTÁRTIDA
OCÉANO ÁRTICO
OCÉANO PACÍFICO
OCÉANO ÍNDICO
Ecuador
La paz es buena porque no se destruyen los hogares.
Mirna Hamady
8 años
Abu Dhabi
Emiratos
Árabes Unidos
Daniel Vargas
7 años
Costa Rica
Debemos mantener el agua limpia.
AMÉRICA DEL NORTE
AMÉRICA DEL SUR
OCÉANO ÁRTICO
OCÉANO ATLÁNTICO
OCÉANO PACÍFICO
Ecuador
ANTÁRTIDA

**Kevyn Loggins
7 años
Alemania**

Hay paz en la casa de mi amiga.
Ella me deja tomar su conejo y
yo le doy las gracias.
La amistad hace la paz.

**Natalie Madi
6 años
Líbano**

Los niños hicieron estos carteles para comunicar sus sentimientos. La **comunicación** es compartir las ideas. Cuando las personas llegan a conocerse, pueden trabajar unidas para resolver sus problemas.

John Oh
7 años
Corea del Sur

¿Qué sabes tú?

1. Nombra algún problema que les preocupa a los niños de todo el mundo.

2. ¿Cuáles son algunas de las formas en que las personas se comunican unas con otras?

Actuar por tu cuenta

Muchos niños tienen interés en ayudar a sus comunidades. Cuando Kristina Swartwout tenía nueve años, notó que había un problema en su ciudad de Ashland, Oregon. Los coches no paraban en los cruces para que los niños pasaran. Kristina mandó una carta al periódico de Ashland. El alcalde leyó la carta y nombró a Kristina miembro de la Comisión de seguridad vial.

Actuar por tu cuenta es demostrar **independencia**. El acto independiente de Kristina ayudó a hacer de su comunidad un lugar más seguro para todos.

Kristina siguió estos pasos:

1 Nombra el problema.

2 Decide lo que debes hacer.

3 Piensa en lo que puedes hacer por tu cuenta para resolver el problema.

4 Piensa en lo que puede pasar.

5 Escoge la mejor manera de resolver el problema.

Piensa y practica

Piensa en un problema y escribe un plan para resolverlo.

El parque Prairie Peace

Lincoln, Nebraska

Hace muchos años, los vagones del ferrocarril transportaron a colonos de muchos países por las praderas de Estados Unidos. Hoy, personas de todo el mundo se reúnen en las afueras de Lincoln, Nebraska en el parque Prairie Peace. En este parque los niños pueden descubrir la importancia de llevarnos bien con nuestros vecinos del mundo.

En la sección del Laberinto infantil, se encuentran unas pinturas creadas por niños de todo el mundo sobre sus ideas para lograr un mundo seguro y maravilloso. Cuando los visitantes caminan por el laberinto, pueden usar sellos de goma para mostrar que han pasado por cada una de las diez estaciones.

Laberinto infantil

En la sección de las Esculturas infantiles, los visitantes pueden ver las dieciséis esculturas ganadoras del Proyecto de diseño de la estatua infantil de la paz. Las esculturas representan el lema del parque que dice "Donde las visiones de los niños se vuelven realidad".

También es interesante visitar el Mural de la paz mundial. Artistas de 29 países diferentes tallaron el mural, el cual está hecho con arcilla marcada con las huellas de mil personas.

El parque Prairie Peace tiene más laberintos, mapas sobre los que puedes caminar, vídeos y juegos de computadora que pueden disfrutar personas de todas las edades. Los niños también pueden ir al Campamento de la paz. El director del parque, Don Tilley y sus voluntarios dicen: "Dé a los niños una buena visión del mundo y ellos nos darán la paz a cambio".

¿Qué puedes hacer tú?

 Haz un mural de la paz para tu escuela.

 Habla con personas de otros países para conocerlas y saber lo que les preocupa.

Resumen ilustrado

Mira los dibujos. Te ayudarán a recordar lo que aprendiste.

Comenta las ideas principales

1. Las personas se han mudado de un lugar a otro dentro de nuestro país.

2. En Estados Unidos viven personas de muchos países diferentes.

3. Las personas aprenden de sí mismas conociendo la historia de sus familias.

4. Diferentes grupos de personas celebran sus días festivos con costumbres especiales.

5. A las personas de todo el mundo les interesa la paz, la cooperación y la salud.

Haz unos títeres Usando un palo, haz un títere que represente a alguien de tu familia o a alguien que tú conoces. Trabaja en parejas. Usen sus títeres para hablar de alguna costumbre de sus familias o algo interesante sobre ellas.

vendido

Usa el vocabulario

Da otro ejemplo que ayude a explicar cada palabra.

Palabra	Ejemplos	
1. costumbre	el desfile del Cuatro de julio	
2. pionero	un explorador	
3. artefacto	una olla vieja para cocinar	
4. antepasado	la bisabuela de una persona	
5. comunicación	escribir una carta	

Comprueba lo que aprendiste

1. ¿Cómo ayudaron los pioneros a nuestro país a desarrollarse?

2. Los antepasados de los estadounidenses vinieron de diferentes países. Nombra tres de estos países.

3. ¿Cómo comparten las familias su historia?

4. ¿Qué podemos aprender sobre las personas al conocer cómo celebran sus días festivos?

5. ¿Por qué necesitan comunicarse las personas?

Piensa críticamente

¿En qué se parece Estados Unidos a una gran colcha de parches? ¿Cómo fortalece esto a nuestro país?

Usa una gráfica de barras

Esta gráfica de barras muestra a cuántos niños les gustaría visitar los lugares de la lista.

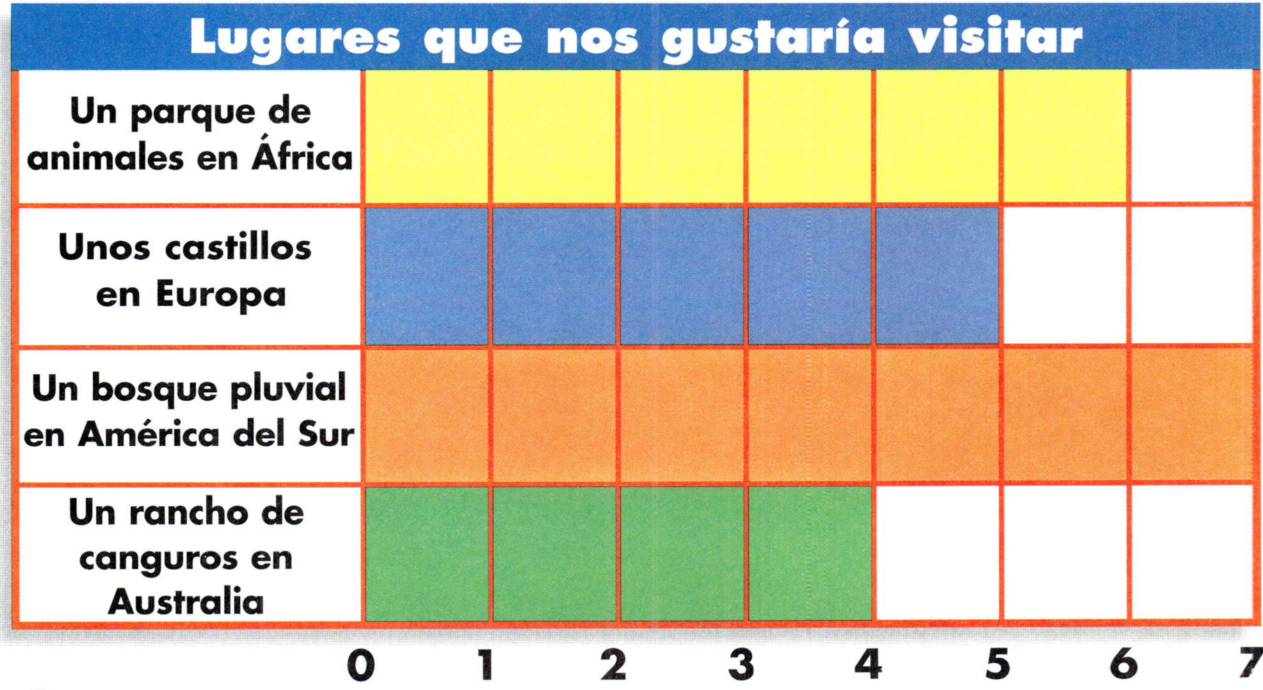

1. ¿Qué opciones tenían los niños?

2. ¿Cuál fue el lugar que escogió la mayoría de los niños?

3. ¿Cuál fue el lugar que menos escogieron los niños?

Hazlo tú mismo

Haz una gráfica de barras que muestre cuánto tiempo han vivido las familias en tu comunidad. Pregunta a tus compañeros de clase cuándo llegaron sus familias por primera vez al área donde vives. Haz unas barras que indiquen menos de 10 años, 20 años, 30 años, 40 años y más de 50 años.

Aprende de los artefactos

¿Qué podrías aprender al ver esta punta de flecha?

¿Qué podrías aprender al ver esta tabla de lavar?

Escoge uno de los artefactos de arriba. Trabaja en parejas para buscar la respuesta a estas preguntas sobre los artefactos.

- ¿Cómo se hizo el artefacto?

- ¿Para qué sirve?

- ¿Qué te dice el artefacto sobre la persona que lo usa?

- ¿En qué se parece a algo que tú conoces?

Habla de algo que tú usas hoy y que en el futuro pueda considerarse un artefacto.

Haz un marco para fotos

 Une con pegamento algunos palillos para trabajos manuales, formando un marco para fotos.

 Decora tu marco.

 Pide a alguien una foto o haz un dibujo de tu familia o de algún familiar. Pega la foto o el dibujo al marco.

 Haz una etiqueta con la fecha y el nombre de la persona y pégala en la parte de atrás de la foto o el dibujo. Cuélgalo en tu casa.

Visita nuestra página en Internet en
http://www.hbschool.com
para recursos adicionales.

Lee más sobre el tema

<u>Cuadros de familia</u> de Carmen Lomas Garza. Children's Book Press. 1990. Una artista dibuja y escribe sobre las costumbres de su familia.

<u>La alegría de ser tú y yo</u> de W. Nikola Lisa. Lee & Low. 1996. Esta colección de poesía celebra la belleza de nuestra diversidad.

Glosario

A

alcalde

El líder de una ciudad o de un pueblo. El **alcalde** se reúne con los legisladores de nuestra comunidad. (página 201)

antepasado

Alguien de una familia que vivió hace mucho tiempo. Mi **antepasado** llegó a América de Inglaterra. (página 241)

artefacto

Un objeto que hacen y usan las personas. Esta vasija es un **artefacto** indígena. (página 256)

B

barrio

Una parte pequeña de una comunidad. Nuestro **barrio** tiene un mercado de frutas y verduras. (página 18)

bienes

Las cosas que hacen o cultivan las personas. Las personas que juegan fútbol compran estos **bienes**. (página 26)

C

capital

Una ciudad en donde se reúnen y trabajan los líderes del gobierno. Washington, D.C. es la **capital** de Estados Unidos. (página 160)

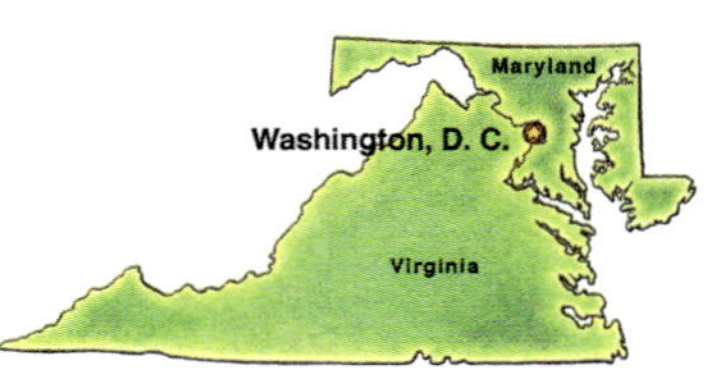

causa

Una persona o cosa que hace que algo ocurra. El relámpago fue la **causa** del incendio. (página 158)

ciudad

Una comunidad grande donde las personas viven y trabajan. La ciudad de New York es la **ciudad** más grande de Estados Unidos. (página 24)

ciudadano

Un miembro de una comunidad. Pedro es **ciudadano** de Estados Unidos. (página 32)

comunidad

Un lugar donde viven algunas personas y también las personas que viven ahí. La **comunidad** en la que vivo es una ciudad grande. (página 21)

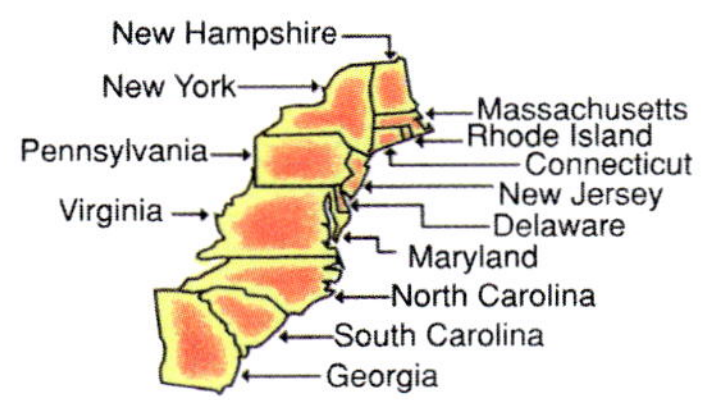

colonia

Un lugar que es gobernado por otro país. Virginia fue la primera **colonia** inglesa en América. (página 152)

Congreso

Los legisladores de nuestro país. El **Congreso** de Estados Unidos se reúne en el Capitolio. (página 161)

colonizador

Una persona que forma un hogar en un lugar nuevo. **Colonizadores** de muchos países construyeron sus hogares en el oeste. (página 148)

conservación

Trabajar para proteger o hacer que duren más los recursos naturales. Los guardabosques nos enseñan a **conservar** los árboles. (página 86)

comunicación

Compartir las ideas con los demás. Muchas personas usan el teléfono como medio de **comunicación**. (página 261)

consumidor

Una persona que compra y usa bienes y servicios. Este **consumidor** está comprando comida para un día de campo. (página 119)

continente

Una de las extensiones de terreno más grandes de la Tierra. Nosotros vivimos en el **continente** de América del Norte. (página 60)

cuadrícula

Líneas que se cruzan para formar cuadros. Las **cuadrículas** te pueden ayudar a encontrar lugares en un mapa. (página 164)

contaminación

Cualquier cosa que ensucie el aire, la tierra o el agua. Arrojar basura al agua crea **contaminación**. (página 90)

D

deseos

Cosas que las personas quisieran tener. Un coche nuevo es uno de los **deseos** de mi familia. (página 122)

cosecha

Un tipo de planta que siembran las personas como alimento o para otros usos. El maíz es una **cosecha** importante de Estados Unidos. (página 63)

desierto

Un lugar árido. En un **desierto** cae muy poca lluvia. (página 51)

costumbre

Una manera de hacer algo. Comer con palillos es una **costumbre** de muchos países asiáticos. (página 252)

día festivo

Un día para celebrar. El Cuatro de Julio es un **día festivo** de Estados Unidos. (página 188)

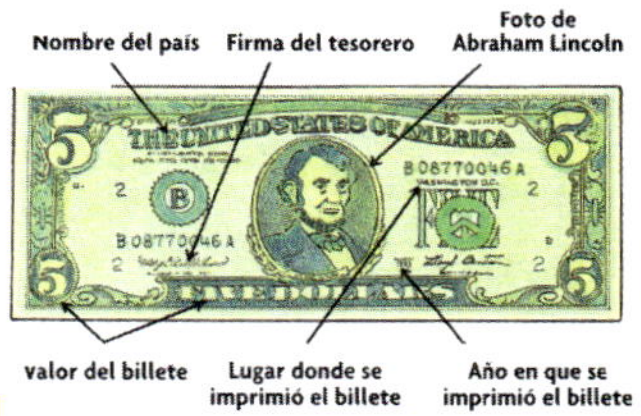

diagrama

Un dibujo que muestra las partes de algo. Este **diagrama** muestra las partes de un billete de cinco dólares. (página 126)

efecto

Algo que ocurre debido a una causa o acción. El incendio forestal fue un **efecto** del relámpago. (página 158)

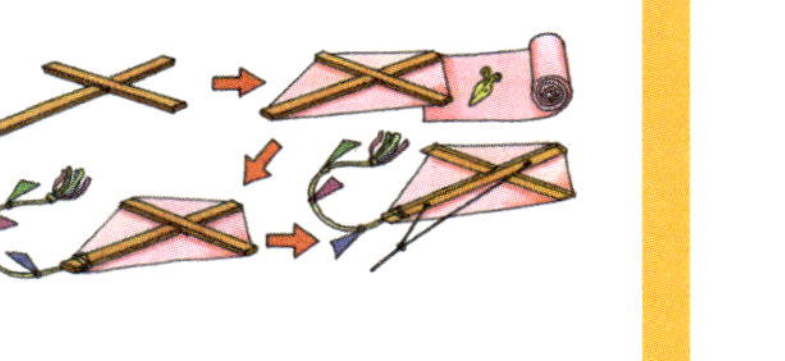

diagrama de flujo

Un diagrama que muestra el orden en el que ocurren las cosas. Este **diagrama de flujo** muestra cómo hacer una cometa. (página 66)

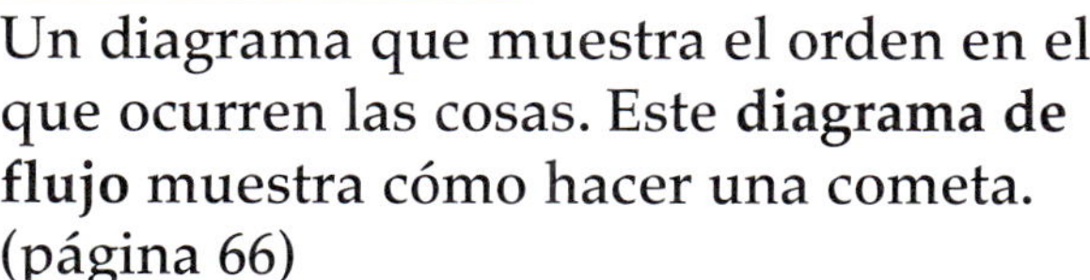

elección

Cuando las personas votan. La **elección** del presidente tiene lugar en noviembre. (página 192)

dirección (en un mapa)

Norte, sur, este u oeste. El letrero nos muestra qué **dirección** tomar. (página 28)

estado

Una parte de nuestro país. Estados Unidos tiene cincuenta **estados**. (página 198)

E

ecuador

Una línea en un mapa o en un globo terráqueo que está a la mitad de la distancia entre el Polo Norte y el Polo Sur. El clima es caluroso cerca del **ecuador**. (página 61)

F

fábrica

Un lugar donde las personas hacen bienes. En esta **fábrica** se hacen zapatos. (página 108)

formación terrestre

Un tipo de terreno. Las montañas, colinas y llanuras son **formaciones terrestres**. (página 50)

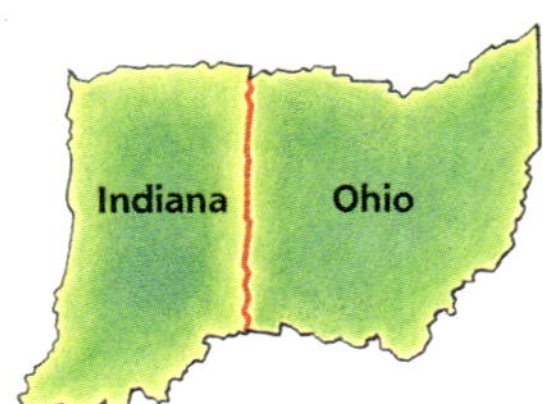

frontera

Una línea que muestra dónde termina un estado y comienza otro. La línea roja muestra la **frontera** entre Indiana y Ohio. (página 198)

G

geografía

El estudio de la Tierra y sus habitantes. Algunos mapas muestran la **geografía** de un lugar. (página 48)

globo terráqueo

Un modelo de la Tierra. Nosotros tenemos un **globo terráqueo** grande en nuestro salón de clases. (página 60)

gobierno

Un grupo de personas que escriben las leyes de una comunidad o de un país. En el **gobierno** de Estados Unidos hay personas de todos los estados. (página 194)

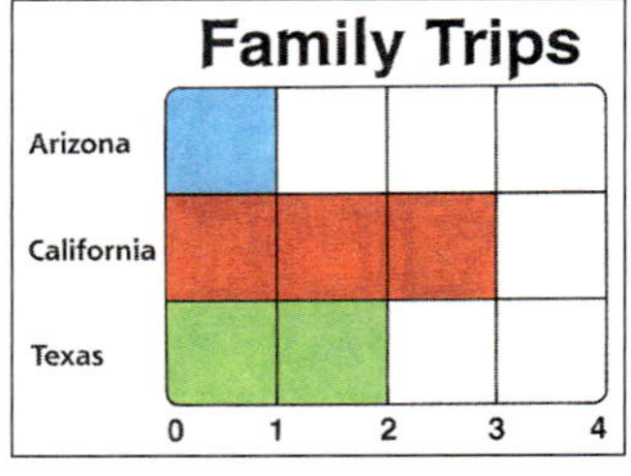

gráfica de barras

Un dibujo que muestra cuánto hay de cada cosa. Esta **gráfica de barras** muestra cuántos estados visitó una familia. (página 244)

grupo

Varias personas que practican una actividad juntas. Este **grupo** está tocando música. (página 14)

H

historia

El relato de lo que ha pasado en un lugar. Este libro de dibujos trata de la **historia** de nuestro país. (página 142)

impuestos

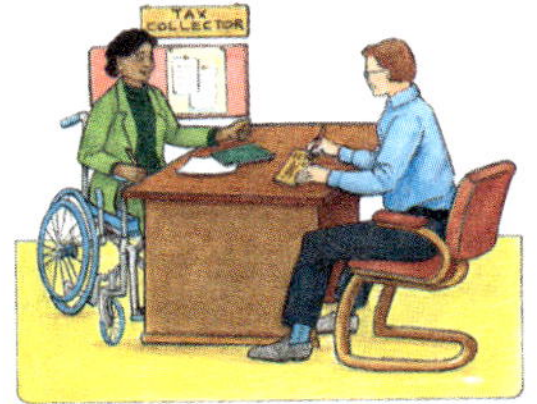

Dinero que las personas pagan a su gobierno por sus servicios. Los **impuestos** de este señor pagarán los servicios de la comunidad. (página 104)

independencia

La libertad que tienen las personas de elegir su propio gobierno y escribir sus propias leyes.
El Cuatro de julio celebramos la **independencia** de nuestro país. (página 262)

ingreso

El dinero que gana una persona por el trabajo que hace. Yo estoy ahorrando una parte de mi **ingreso** para comprar una computadora. (página 122)

intercambiar

Dar dinero, bienes o servicios a cambio de algo. Mari quiere **intercambiar** su libro por el libro de Nancy. (página 114)

invento

Algo que se ha hecho por primera vez. El primer foco eléctrico fue un **invento** importante. (página 168)

Hawaii

isla

Tierra que está rodeada de agua. El estado de Hawaii está formado por muchas **islas.** (página 52)

J

juez

Alguien que trabaja como líder en una corte. El **juez** decidió que la Sra. Page había violado la ley. (página 196)

L

lago

Una extensión de agua dulce que está rodeada de tierra. Las personas de los alrededores del **lago** lo usan para pescar. (página 53)

legislador

Un líder que escribe leyes. Muchos **legisladores** trabajan en la capital de nuestro estado. (página 161)

libertad

El derecho de las personas para tomar sus propias decisiones. Los estadounidenses tenemos la **libertad** de creer en lo que queramos. (página 204)

lema

Una palabra o un dicho que expresa un sentimiento o una idea. El **lema** de nuestro país es "En Dios confiamos". (página 188)

líder

Una persona que ayuda a un grupo a planear lo que hay que hacer. Un director es el **líder** de una escuela. (página 16)

ley

Una regla que todos debemos seguir. La **ley** dice que todos los coches deben parar en los altos. (página 25)

línea cronológica

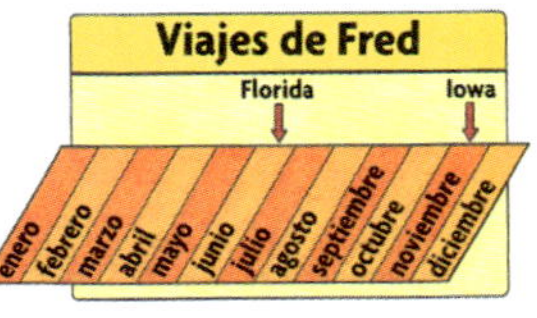

Una línea que muestra cuándo pasaron las cosas. Esta **línea cronológica** muestra cuándo se fue de viaje Fred este año. (página 146)

leyenda del mapa

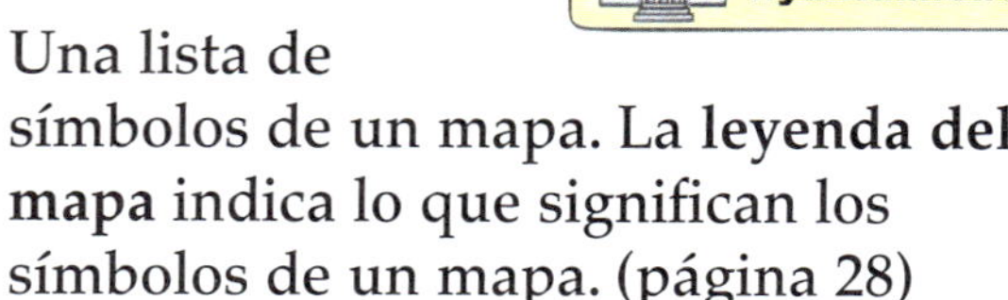

Una lista de símbolos de un mapa. La **leyenda del mapa** indica lo que significan los símbolos de un mapa. (página 28)

llanura

Terreno plano. Nuestra granja está en una **llanura**. (página 51)

mapa

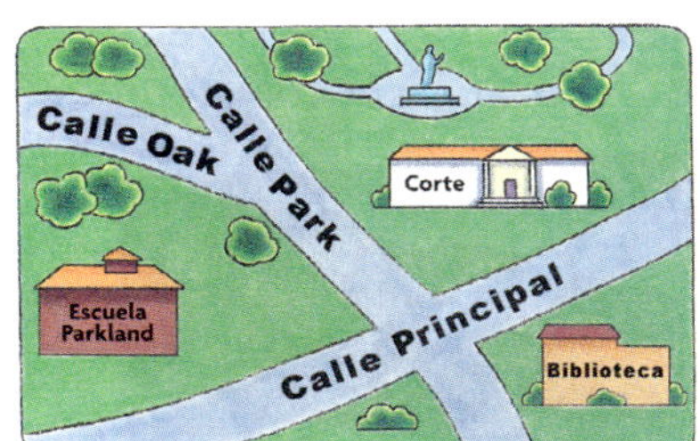

Un dibujo que muestra donde están los lugares. Podemos encontrar la biblioteca en el **mapa**. (página 23)

montaña

El tipo de tierra más alto. En estas **montañas** hay nieve. (página 50)

monumento

Algo que se construye en honor de alguien o de algo. Este **monumento** es en honor a George Washington. (página 162)

monumento histórico

Algo conocido de un lugar. El Álamo es un **monumento histórico** de Texas. (página 157)

necesidades

Cosas que las personas necesitan para vivir. La comida, la ropa y un lugar donde vivir son **necesidades**. (página 18)

negocio

Un lugar donde las personas venden bienes o dan servicios. Mi familia puso un **negocio** de reparación de televisores. (página 128)

océano

Una extensión muy grande de agua salada. El **océano** Pacífico está al oeste de Estados Unidos. (página 52)

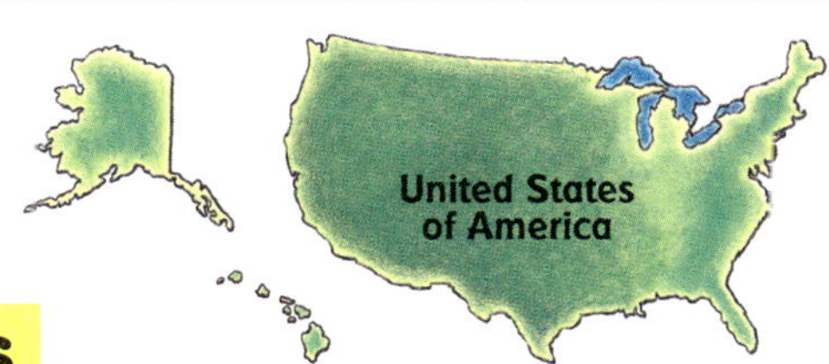

país

Una extensión de tierra y las personas que viven ahí. Estados Unidos es uno de los tres **países** de América del Norte. (página 32)

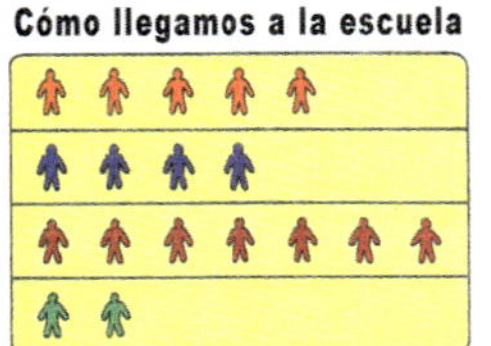

pictografía

Un dibujo que usa símbolos para mostrar las cantidades de las cosas. Esta **pictografía** muestra cómo llegan a la escuela los niños de una clase. (página 106)

pionero

Una persona que llega primero a una tierra desconocida. Muchos **pioneros** viajaron al oeste en carretas. (página 224)

predicción

Algo que una persona dice que va a pasar. La **predicción** de Tom es que va a llover. (página 113)

presidente

El líder de Estados Unidos. George Washington fue el primer **presidente** de nuestro país. (página 160)

productor

Una persona que hace o siembra algo. Los trabajadores de una fábrica o de una granja son **productores**. (página 118)

recurso natural

Algo de la Tierra que usan las personas. La madera es un **recurso natural** importante. (página 71)

regla

Algo que debes o no debes hacer. Una buena **regla** para la casa y la escuela es guardar las cosas después de usarlas. (página 16)

río

Una corriente de agua que fluye por la tierra. El río Mississippi es el **río** más largo de Estados Unidos. (página 53)

rosa de los vientos

Flechas en un mapa que muestran las direcciones. La **rosa de los vientos** muestra donde está el norte, sur, este y oeste. (página 28)

ruta

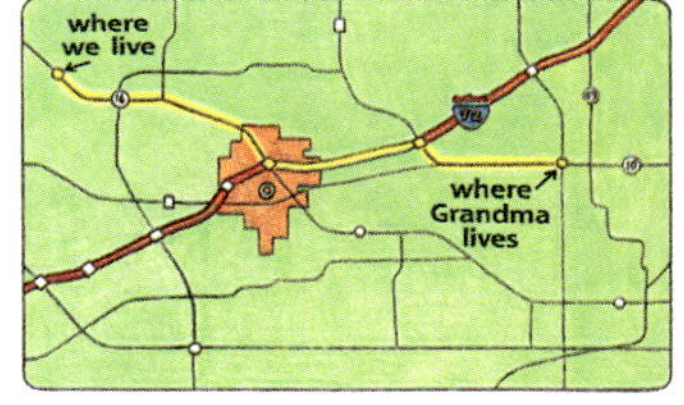

Una manera de llegar de un lugar a otro. El mapa muestra la **ruta** para llegar a la casa de la abuela. (página 164)

S

servicios

Trabajos que hacen las personas para ayudar a los demás. Los bomberos, policías y maestros dan **servicios**. (página 27)

símbolo

Un dibujo que representa algo real. Un cuadro es el **símbolo** de una tienda en este mapa. (página 28)

suburbio

Una comunidad cerca de una ciudad. Nosotros vivimos en un **suburbio** de Chicago. (página 49)

T

tabla

Una lista de cosas ordenadas en grupos. Esta **tabla** muestra los nombres de mis mejores amigos. (página 82)

transporte

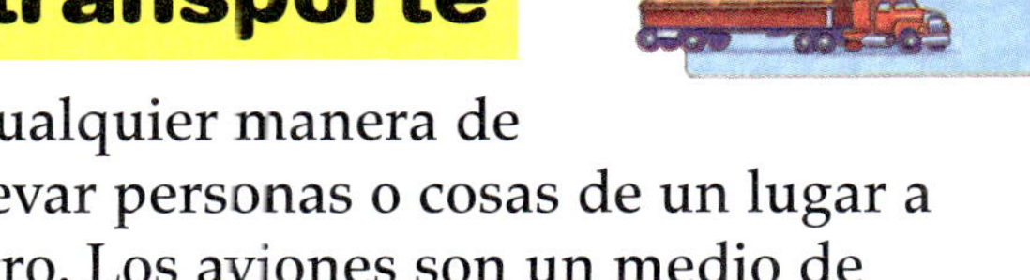

Cualquier manera de llevar personas o cosas de un lugar a otro. Los aviones son un medio de **transporte**. (página 114)

V

valle

La tierra más baja que está entre colinas o montañas. Un río pequeño corre por el **valle**. (página 50)

vivienda

Un lugar donde vivir. Algunos amerindios construyeron sus **viviendas** con barro. (página 142)

voto

Una elección que se cuenta. La persona que obtiene más **votos** es la que gana. (página 192)

Photo Credits:
Key: (t) top; (b) bottom; (l) left; (r) right; (c) center

Table of Contents:
iii Rich Franco/HBC; iv John Elk/Tony Stone Images; v Mark Robinson/The Biz Kids Store; vi Superstock; vii Rich Franco/HBC

Unit 1:
8-9 Lillian Gee/Picture It; 8 (bl) Superstock; 10 (tl) HBC; 10 (tr) HBC; 10 (bl) Superstock; 10 (bc) Fran Antmann; 11 (tl) Michal Heron/Stock Market; 11 (tc) HBC; 11 (tr) Gabe Palmer/Stock Market; 11 (bl) Tom Tracy/Stock Market; 11 (br) John Scheiber/Stock Market; 15 (b) Rich Franco/HBC; 15 (t) Rich Franco/HBC; 15 (cr) Michael Groen Photography; 16 (c) Corbis/Bettmann; 16-17 (b) Rich Franco/HBC; 16 (tr) Rich Franco/HBC; 17 (tr) Rich Franco/HBC; 18-19 (b) Lillian Gee/Picture It; 19 (tl) Lillian Gee/Picture It; 19 (tr) Lawrence Migdale; 19 (br) Lillian Gee/Picture It; 19 (br) Michael Groen Photography; 20 (tl) Lillian Gee/Picture It; 20 (b) Lawrence Midgale; 21 (br) Myrleen Ferguson/PhotoEdit; 21 (tl) Don Smetzer/Tony Stone Images; 21 (tc) David Young-Wolff/PhotoEdit; 21 (tr) Superstock; 22 (b) Alex MacLean/Landslides; 24 (cl) Richard Haynes/HBC; 24 (bl) Superstock; 24 (br) Superstock; 25 (tl) Superstock; 25 (br) David simson/Stock Boston; 25 (tr) Superstock; 25 (bc) Michael Groen Photography; 26 (tl) Owen Frank/Stock Boston; 26-27 Richard Haynes/HBC; 32 (b) Victoria Bowen/HBC; 33 (tcl) Steven Peters/Tony Stone Images; 33 (cl) Robert Brenner/PhotoEdit; 33 (cr) Bob Daemmrich/Bob Daemmrich; 33 (bl) Terry Sinclair/HBC; 33 (br) Wayne Hoy/The Picture Cube; 33 (tl) C. Frank Crzus/FPG; 33 (tr) Prettyman/PhotoEdit; 32 (t) Andy Sacks/Tony Stone Images; 32 (c) Lawrence Migdale/Stock Boston; 33 (tcr) Paul Conklin/PhotoEdit; 33 (c) Dennis MacDonald/PhotoEdit; 40 (b) Alex MacLean/Landslides

Unit 2:
42-43 Larry Ulrich Photography; 43 (bl) HBC; 44 (tl) Andy Sacks/Tony Stone Images; 44 (tc) Burgess Blevins/FPG; 44 (tr) Pete Saloutos/Stock Market; 44 (br) World Sat Int'l/Science Source/Photo Researchers; 45 (tl) Rich Franco/HBC; 45 (tc) Rich Iwasaki/Tony Stone Images; 45 (tr) Margo Taussig Pinkerton/Gamma-Liaison; 45 (br) Bob Krist/Stock Market; 48 (bl) Peter Correz/Tony Stone Images; 48 (c) John Elk/Tony Stone Images; 49 (t) David R. Frazier; 49 (b) Richard Paisley; 50 (tr) Michael Groen Photography; 50 (t) Ed Cooper; 50 (b) Ed Cooper; 51 (t) Craig Aurness/Westlight; 51 (b) J. Randkler/Allstock; 51 (br) Fran Antmann; 52 (br) Michael Groen Photography; 52 (t) George Hunter/Tony Stone Images; 52 (b) David Ball/The Stock MArket; 53 (t) Stephen Simpson/FPG; 53 (b) Holt Confer/Grant Heilman; 56 (tl) Keith Wood/Tony Stone Images; 56 (tr) Art Wolfe/Allstock; 56 (bl) Frederick McKinney/FPG; 56 (cl) Peter Vadnai/The Stock Market; 57 (tr) Suzanne Murphy-Larronde/FPG; 57 (cr) Doug Armand/Tony Stone Images; 57 (br) Richard Bradbury/Tony Stone Images; 57 (bl) Farrell Grehan/FPG; 58 (b) Buddy Mays/International Stock; 58 (t) Lawrence Migdale; 59 (cr) Lawrence Migdale; 59 (tr) Lawrence Migdale; 59 (bl) Lawrence Migdale; 60 (b) HBC; 62 (tl) FPG; 63 (tr) FPG; 62-63 (b) FPG; 62-63 (t) Michael Groen Photography; 64 (tr) Chuck Pefley/Allstock; 64 (tl) Andy Sacks/Tony Stone Images; 65 (tr) Visual Horizons/FPG; 65 (br) Michael Groen Photography; 66 (bl) Michael Groen Photography; 66 (cr) S. Nielsen/DRK Photo; 67 (tl) K. Wise/AG Stock USA; 67 (tr) Superstock; 67 (br) George Lepp/AG Stock USA; 67 (cl) Tom Myers/AG Stock USA; 68 (b) Michael Groen Photography; 69 (b) HBC; 82 (b) Michael Groen Photography; 83 (#1) Jim Steinberg/Photo Researchers; 83 (#2) Grant Heilman/Grant Heilman Photography; 83 (#3) Lance Nelson/The Stock Market; 83 (#4) Superstock; 84 (br) Christi Carter/Grant Heilman Photography; 84-85 (t) Randy Taylor/Liaison International; 85 (bl) Charlie Westerman/Liaison International; 85 (br) Stephen Simpson/FPG; 86 (bl) Lawrence Migdale; 86 (tr) HBC; 87 (tr) Lawrence Migdale; 87 (bl) Lawrence Migdale; 87 (c) Phil Degginger/Bruce Coleman; 88 (br) Lawrence Migdale/Tony Stone Images; 88 (br) Lawrence Migdale; 88 (tr) Corbis/Bettmann; 89 (bc) John Shaw/Bruce Coleman; 89 (bl) Phil Degginger/Bruce Coleman; 89 (tr) David Austen/Tony Stone Images; 90 (bl) Michael Groen Photography; 90 (bl) Courtesy of Tree Musketeers; 90 (br) Courtesy of Tree Musketeers; 91 (tl) Courtesy of Tree Musketeers; 91 (tr) Courtesy of Tree Musketeers; 95 (#1) John Shaw/Bruce Coleman; 95 (#2) Muriel Orens; 95 (#3) Jose Corillo/PhotoEdit; 95 (#4) Norman Tomalin/Bruce Coleman; 95 (#5) Joy Spurr/Bruce Coleman; 97 (tr) Michael Groen Photography

Unit 3:
98 (bl) Peter Vandermark/Stock Boston; 98-99 Lillian Gee/Picture It; 100 (tl) Rich Franco/HBC; 100 (tr) Peter Vandermark/Stock Boston; 100 (bl) Porterfield/Chickering/Photo Researchers; 100 (lc) Superstock; 100 (br) Alan Schein/Stock Market; 101 (tl) Jon Riley/Folio; 101 (tc) Joseph Nettis/Tony Stone Images; 101 (cr) HBC; 101 (bl) Jon Riley/Folio; 104-105 (b) Lawrence Migdale; 105 (tl) Billy E. Barnes/PhotoEdit; 105 (c) Elena Rooraid/PhotoEdit; 106 (br) Michael Groen Photography; 108 (bl) Terry Sinclair/HBC; 108 (b) Henry Horenstein; 109 Henry Horenstein; 110 (tr) Henry Horenstein; 110 (cl) Henry Horenstein; 110-111 Terry Sinclair/HBC; 111 (tl) Henry Horenstein; 111 (tr) Henry Horenstein; 112-113 (b) Rich Franco/HBC; 113 (tl) Michael Groen Photography; 113 (br) Michael Groen Photography; 114 (bl) Nubar Alexanian/Stock Boston; 114 (r) Marleen Ferguson/PhotoEdit; 114 (tl) Ernest Manewal/Superstock; 114 (br) Michael Groen Photography; 115 Victoria Bowen/HBC; 115 (tr) HBC; 115 (c) HBC; 115 (br) Richard Hutchings/PhotoEdit; 116 (t) Elena Roraid/PhotoEdit; 116 (c) Coco Mcoy/Rainbow; 116 (b) HBC; 116-117 Victoria Bowen/HBC; 117 (t) Superstock; 117 (c) Henry Horenstein; 117 (b) T. Kitchen/Tom Stack & Associates; 118 (b) Terry Sinclair/HBC; 119 (cr) Michael Groen Photography; 119 (tr) Terry Sinclair/HBC; 120-121 Lillian Gee/Picture It; 121 (tr) Lillian Gee/Picture It; 122-123 (b) Rich Franco/HBC; 123 (tr) Michael Groen Photography; 123 (br) Rich Franco/HBC; 124 (bl) Rich Franco/HBC; 124 (tl) HBC; 124 (tc) HBC; 124 (tr) HBC; 125 (b) HBC; 126 (r) Michael Groen Photography; 128 (b) Mark Robinson/Courtesy of Bizkids; 128 (b) Mark Robinson/Courtesy of Bizkids; 129 (t) Mark Robinson/Courtesy of Bizkids; 134 (b) HBC

Unit 4:
136 NASA; 136 (bl) U.S. Dept. of the Interior/National Park Service/Edison Nat'l Historical Park; 138 (tr) Ted Hooper/Folic; 138 (bl) ChromoSohn/Stock Market; 138 (br) Paul Damier/Tony Stone Images; 139 (tl) Art Resource; 139 (bl) Edison Natl Park/Natl Park Serv, US Dept. of Interior; 139 (br) Martin De Leon/Still Life Stock; 139 (tr) Culver Pictures; 142 (tr) Corbis/Bettmann; 144 (t) The Granger Collection; 144 (br) The Granger Collection; 145 (tr) Joe Gordon; 145 (tl) Jerry Jacka; 145 (br) Michael Groen Photography; 148 (bl) David Houser; 148 (br) Michael Phillip

Manheim/International Stock; 149 (tr) Phyllis Picard/International Stock; 149 (cr) Ned Haines/Photo Researchers; 149 (br) Claudia Parks/The Stock Market; 149 (bl) Ted Hooper/Folio; 150 (b) Willie Parker/Colonial Williamsburg; 150 (bl) Lou Jones/The Image Bank; 150 (tr) Colonial Williamsburg; 151 (tr) Mary Ann Hemphill/Photo Researchers; 151 (bl) Mary Ann Hemphill/Photo Researchers; 152 (cr) Tom Bross/Stock Boston; 154 (tr) Bill Stanton/International Stock; 154 (br (Sal Maimone/Photophile; 154 (bl) Sal Maimone/Photophile; 155 (b) James Blank/Tony Stone Images; 156 (tr) Andrews/Photophile; 156 (bl) Glasheen Graphics/Photophile; 156 (br) Glasheen Graphics/Photophile; 157 (t) James Blank/The Stock Market; 157 (br) Matt Lindsay/Photophile; 158 (b) San Diego Historical Society Photograph Collection; 158-159 (t) San Diego Historical Society Photograph Collection; 159 (b) San Diego Historical Society Photograph Collection; 160 (bl) Michael Groen Photography; 160 (br) Tony Stone Images; 161 (t) Michael Keller/The Stock Market; 161 (bl) David Marie/Folio; 161 (cr) Courtesy of the office of Senator Alfonse D'Amato; 162 (c) Superstock; 162 (br) CP Gridley/FPG; 162 (l) Superstock; 163 (tr) Rob Boudreau/Tony Stone Images; 163 (cl) Jon Feingersh/The Stock Market; 163 (br) Michael Groen Photography; 164 (bl) George Gibbons/FPG; 166 (t) Bob Burch/The Stockhouse; 166 (b) Ed Bock/The Stockhouse; 167 (tl) L. Guidry; 167 (bl) H. ABernathy/H. Armstrong Roberts; 167 (tr) Two of Diamonds/The Stockhouse; 167 (br) Jim Armstrong/Omnti Photo Communications; 168 (t) National Portrait Gallery/Art Resource; 168 (b) National Park Service/Edison National Historic Site; 169 (c) Archive Photos; 169 (b) Richard Hutchings/PhotoEdit; 169 (tr) David Woods/The Stock Market; 170 (t) National Portrait Gallery/Art Resource; 170 (cl) Richard Steedman/The Stock Market; 170 (b) Superstock; 171 (tr) National Portrait Gallery/Smithsonian Institution/Art Resource; 171 (br) New York Public Library; 171 (bl) Corbis/Bettmann; 172 (bl) Courtesy of Penguin USA; 173 (tr) Bob Martin/Allsport; 173 (br) Duomo; 174 (br) Courtesy of Michigan Iron Industry Museum; 174 (bl) Courtesy of Michigan Iron Industry Museum; 175 Courtesy of Michigan Iron Industry Museum; 180 (l) Art Resource; 180 (c) National Portrait Gallery/Smithsonian Institution/Art Resource; 180 (cr) National Portrait Gallery/Smithsonian Institution/Art Resource; 180 (r) National Portrait Gallery/Smithsonian Institution/Art Resource; 180 (cl) National Portrait Gallery/Smithsonian Institution/Art Resource

Unit 5:
182-183 Lillian Gee/Picture It; 182 (bl) Aaron Haupt/David R. Frazier; 184 (tr) Charles Gupton/Uniphoto; 184 (b) Terry Ashe/Folio; 185 (tl) Tony Freeman/PhotoEdit; 185 (tr) Llewelyn/Uniphoto; 185 (bl) Jonathan Elderfield/Gamma-Liaison; 185 (br) Aaron Haupt/David R. Frazier; 188 (l) Michael Groen Photography; 188-189 (b) Lillian Gee/Picture It; 190 (tl) Rich Franco/HBC; 190 (bl) Rich Franco/HBC; 190-191 (t) Michael Groen Photography; 191 (tr) Rich Franco/HBC; 191 (br) Rich Franco/HBC; 192 Rich Franco/HBC; 193 Rich Franco/HBC; 194 (b) Aaron Haupt/David R. Frazier; 194 (r) Michael Groen Photography; 195 Lillian Gee/Picture It; 196 (bl) Art Stein/Photo Researchers; 196 (tr) Jose Fuste Araga/The Stock Market; 197 (r) Richard Strauss/Supreme Court of the U.S.; 197 (br) Tony Freeman/PhotoEdit; 200 Rich Franco/HBC; 201 (br) Rich Franco/HBC; 201 (cl) Lillian Gee/Picture It; 202 (l) Lillian Gee/Picture It; 203 (r) Lillian Gee/Picture It; 204 (bl) The Patrick Henry National Memorial, Brookneal,VA; 205 (tr)

Michael Groen Photography; 205 (tl) Peter Poulides/Tony Stone Images; 205 (tr) Spencer Grant/Photo Researchetrs; 205 (b) Amy C. Etra/PhotoEdit; 206 (tl) Corbis/Bettmann/UPI; 206 (tr) AP/Wide World Photos; 207 (t) Lillian Gee/Picture It; 207 (c) Michael Groen Photography; 208-209 Rich Franco/HBC; 210 (br) Courtesy the Winship Magnet School; 211 (tr) Courtesy the Winship Magnet School; 211 (br) Courtesy the Winship Magnet School; 212 (b) Michael Groen Photography; 217 (t) Michael Groen Photography

Unit 6:
218 Brown Brothers; 218 (br) Culver Pictures; 220 (t) The Granger Collection, NY; 220 (bl) Culver Pictures; 220 (br) Tony Freeman/PhotoEdit; 221 (tl) Jerry Jacka; 221 (tr) Jerry Jacka; 221 (cl) David Young-Wolfe/PhotoEdit; 221 (cr) Anthony Meshkinyar/Tony Stone Images; 221 (bl) Michael Groen Photography; 221 (br) Fran Antmann; 224 (t) National Museum of Art, Wash. D.C./Art Resource; 224-225 (tr) Culver Pictures; 225 (b) Culver Pictures; 225 (c) Brown Brothers; 226 (bl) Culver Pictures; 226 (tr) Brown Brothers; 226 (c) Culver Pictures; 227 (br) National Park Service/Ellis Island Immigration Museum; 227 (tr) Michael Groen Photography; 240 (b) Rich Franco/HBC; 242 (cl) Michael Groen Photography; 242 Rich Franco/HBC; 242 (br) Michael Groen Photography; 243 (tl) Rich Franco/HBC; 243 (tr) Rich Franco/HBC; 244 Michael Groen Photography; 246 (br) Lawrence Midgale; 246 (bl) Lawrence Midgale; 247 (tr) Michael Groen Photography; 247 (c) Lawrence Midgale; 247 (b) Lawrence Midgale; 248 (b) Lawrence Midgale; 249 Courtesy of the Chang family; 249 Lawrence Midgale; 250 (bl) Lawrence Midgale; 250 (br) Lawrence Midgale; 251 Lawrence Midgale; 252 (tl) Deborah Davis/PhotoEdit; 252 (bl) Lawrence Migdale; 253 (b) Lawrence Migdale; 253 (tl) Michael Groen Photography; 254 (tr) Lawrence Migdale/Photo Researchers; 254 (cr) Bob Daemmrich; 254 (br) Bob Daemmrich; 255 (tr) The Tampa Tribune; 255 (tl) The Tampa Tribune; 256 (l) Jerry Jacka; 257 (t) E.R. Degginger; 257 (tr) Mark E. Gibson; 257 (bl) Larry Ulrich/Tony Stone Images; 257 (c) PhotoEdit; 262 (r) David Falconer & Assoc.; 262 (b) Michael Groen Photography; 264 Courtesy of Don Tilley, Prairie Peace Park, Loncoln, NE; 265 Courtesy of Don Tilley, Prairie Peace Park, Loncoln, NE; 270 (tr) Jerry Jacka/Photodisc; 271 Michael Groen Photography

All maps by GeoSystems except:
28-29, 39, 54-55, 83, 133, 179 Rita Lascaro

Illustration Credits:
Unit 1
12-13, Cathy Diefendorf; 30-31, Bari Weissman; 36-37, Stacey Schuett
Unit 2
46-47, Daphne McCormack; 64, Joel Snyder; 70-81, Marjorie Priceman; 92-93, Robert Roper
Unit 3
102-103, Jane Conteh-Morgan; 130-131, Robert Alley
Unit 4
140-141, Melodye Rosales; 142-143, Wayne Still; 176-177, Joel Snyder
Unit 5
186-187, Byron Gin; 212-213, Anne Cook
Unit 6
222-223, Gerardo Suzán; 228-239, Renée Graef; 266-267, Gail Piazza

For permission to translate/reprint copyrighted material, grateful acknowledgment is made to the following sources:

Atheneum Books for Young Readers, an imprint of Simon & Schuster Children's Publishing Division: Cover illustration from *The Pilgrims of Plimoth* by Marcia Sewall. Copyright © 1986 by Marcia Sewall.

Bantam Doubleday Dell Books for Young Readers: "General Store" from *Taxis and Toadstools* by Rachel Field. Text copyright 1926 by Rachel Field. Cover illustration from *Mrs. Katz and Tush* by Patricia Polacco. Copyright © 1992 by Patricia Polacco.

Charlesbridge Publishing: Cover illustration by Ralph Masiello from *The Flag We Love* by Pam Muñoz Ryan. Illustration copyright © 1996 by Ralph Masiello.

Children's Book Press: Cover illustration from *Family Pictures/Cuadros de familia* by Carmen Lomas Garza, Spanish version by Rosalma Zubizarreta. Copyright © 1990 by Carmen Lomas Garza.

The Lois Lenski Covey Foundation, Inc.: "Sing a Song of People" from *The Life I Live* by Lois Lenski. Text copyright © 1965 by The Lois Lenski Covey Foundation, Inc.

Delacorte Press: Cover illustration by Caroline Binch from *Billy the Great* by Rosa Guy. Illustration copyright © 1991 by Caroline Binch.

Dutton Children's Books, a division of Penguin Putnam Inc.: Cover illustration by Elisa Kleven from *Isla* by Arthur Dorros. Illustration copyright © 1995 by Elisa Kleven.

Mari Evans: "I Can" from *Singing Black* by Mari Evans. Text copyright © 1976 by Mari Evans. Published by Reed Visuals, 1979.

Greenwillow Books, a division of William Morrow & Company, Inc.: Cover illustration from *Music, Music for Everyone* by Vera B. Williams. Copyright © 1984 by Vera B. Williams.

The Hampton-Brown Company: "Orgullo/Pride" by Alma Flor Ada from *A Chorus of Cultures: Developing Literacy Through Multicultural Poetry* by Alma Flor Ada, Violet J. Harris, and Lee Bennett Hopkins. Text copyright © 1993 by Hampton-Brown Books.

HarperCollins Publishers: Cover illustration from *Radio Man* by Arthur Dorros, Spanish translation by Sandra Marulanda Dorros. Copyright © 1993 by Arthur Dorros; translation copyright © 1993 by Sandra Marulanda Dorros. Cover illustration from *Marge's Diner* by Gail Gibbons. Copyright © 1989 by Gail Gibbons. *Winter Days in the Big Woods* by Laura Ingalls Wilder, illustrated by Renée Graef. Text adapted from *Little House in the Big Woods,* copyright 1932 by Laura Ingalls Wilder, renewed 1959, 1987 by Roger L. MacBride; illustrations copyright © 1994 by Renée Graef.

Houghton Mifflin Company: Cover illustration from *The Giant Jam Sandwich* by John Vernon Lord, verses by Janet Burroway. Copyright © 1972 by John Vernon Lord.

Alfred A. Knopf, Inc.: How to Make an Apple Pie and see the *world* by Marjorie Priceman. Copyright © 1994 by Marjorie Priceman. Cover illustration by Anita Lobel from *A New Coat for Anna* by Harriet Ziefert. Illustration copyright © 1986 by Anita Lobel.

Lothrop, Lee & Shepard Books, a division of William Morrow & Company, Inc.: Cover illustration from *Market!* by Ted Lewin. Copyright © 1996 by Ted Lewin.

Morrow Junior Books, a division of William Morrow & Company, Inc.: Cover illustration by Catherine Stock from *A Very Important Day* by Maggie Rugg Herold. Illustration copyright © 1995 by Catherine Stock. Cover illustration from *Johnny Appleseed* by Steven Kellogg. Copyright © 1988 by Steven Kellogg.

National Geographic Society: Cover illustration from *Young Abe Lincoln* by Cheryl Harness. Copyright © 1996 by Cheryl Harness.

Orca Book Publishers: Cover illustration by Stephen McCallum from *The New Land: A First Year on the Prairie* by Marilynn Reynolds. Illustration copyright © 1997 by Stephen McCallum.

Orchard Books, New York: Cover illustration by John Ward from *We Keep a Store* by Anne Shelby. Illustration copyright © 1990 by John Ward.

Marian Reiner, on behalf of Aileen Fisher: "Always Wondering" from *Always Wondering* by Aileen Fisher. Text copyright © 1991 by Aileen Fisher.

Scholastic Inc.: Cover illustration from *This Is My House* by Arthur Dorros. Copyright © 1992 by Arthur Dorros.

Simon & Schuster Books for Young Readers, an imprint of Simon & Schuster Children's Publishing Division: Cover illustration from *The Keeping Quilt* by Patricia Polacco. Copyright © 1988 by Patricia Polacco.

Tambourine Books, a division of William Morrow & Company, Inc.: Cover illustration by Kathy Osborn from *The Joke's on George* by Michael O. Tunnell. Illustration copyright © 1993 by Kathy Osborn.

Viking Penguin, a division of Penguin Putnam Inc.: Cover illustration from *Eleanor* by Barbara Cooney. Copyright © 1996 by Barbara Cooney.